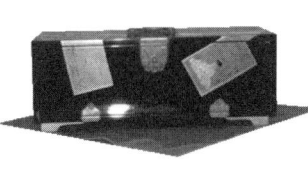

日本語教師を目指す人のための

日本語学入門

にほんごがくにゅうもん

近藤安月子 著
Atsuko Kondoh

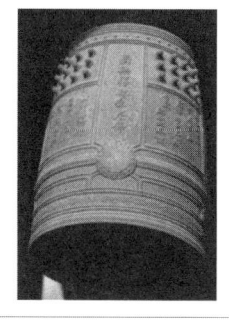

KENKYUSHA

はしがき

　私たちは毎日日本語を使って生活していますが、自分の母語がどのような言語かを意識する機会はほとんどありません。しかし、外国語を学習するときに母語との違いに新鮮な驚きを覚えたり、日本語学習者の産出する日本語に母語との微妙な違いを感じたり、母語獲得途上の子供が産出する日本語の面白さ、不思議さに触れたりして、自身の母語について考え始めることがあります。

　近年、日本の国内外で日本語教育がさかんになり、学習者の言語と比較対照して日本語を外の視点から客観的に捉えなおすさまざまな試みも行われるようになりました。日本語学、言語学、対照言語学などの分析を通して、現代日本語の諸相が明らかにされつつあります。

　本書は、私たちが無意識に使っている現代日本語の仕組み（「文法」）をできるだけわかりやすく、網羅的に捉えようとした日本語学の入門書です。これから日本語学、あるいは日本語教育を専門的に学ぼうとする方の入門書としてだけでなく、専門外であっても日本語に関心を持ち、日本語の仕組みの大枠を知りたい方、また教養として日本語学に触れてみたい方など幅広い読者を対象としています。

　本書には次のような特徴があります。まず、現代日本語の仕組みを網羅的かつ体系的に記述することを試みていることです。そのため、言語学の理論的側面や研究者の間で議論が大きく分かれることには踏み込んでいません。適宜、日本語教育の視点から、学習者の習得上の問題などに言及しています。また、大学の日本語学の入門授業の教科書としての使用を念頭に置き、1章を1回の授業で終え、すべてを1年で終えられるように、現代日本語の諸相を25の章に分けて概説してあります。もちろん、自習用としての使用も可能です。各章の情報はできるだけ均一になるように心がけました。そして、各章の終わりに、その章の内容に関連した練習問題を二、三問ずつ配し、理解を確認できるようにしました。練習問題には、比較的簡単な問題からやや難しいものまでいろいろありますが、ぜひ一

度はご自身の理解を試してみてください。本書の巻末に各章の練習問題の解答例と簡単な解説を載せてあります。本書は入門書ですので、あまり複雑な問題には踏み込んでいませんが、もっと知りたい、もっと勉強したいという方は、巻末にある「さらに勉強したい人のためのお薦め図書」を参照なさってください。

　なお、執筆にあたっては、日本語学や言語学における多くの先行研究、学説を参考にさせていただきました。本書が初級者向けの入門書であることを考慮して、先行研究や用語の出典などには基本的に言及しておりません。これまで日本語学の発展に尽くしてこられ、研究および本書で参考にさせていただいた関係各位に心より感謝申し上げます。なお、本書執筆の際に参考にした先行研究で初心者でも読みやすいものは、「お薦め図書」に書名を記してあります。

　最後に、本書の執筆にあたっては、研究社の佐藤陽二さんに大変にお世話になりました。佐藤さんのお励ましなくしては、この本は実現しませんでした。この場を借りて厚くお礼申し上げます。

　本書が、読者のみなさんの母語、あるいは現代日本語についての語学的な関心を多少なりとも刺激することができれば幸いです。

　　　　　　　　　　　　　　　　　　　　　　　　　　2008 年　初秋
　　　　　　　　　　　　　　　　　　　　　　　　　　近藤　安月子

目 次

序　章	日本語の文法への招待	1
第 1 課	日本語の品詞	5
第 2 課	名詞述語と形容詞述語	10
第 3 課	語から文へ──助詞	15
第 4 課	文の要素のとりたて──焦点化	21
第 5 課	ハとガの話──主語か主題か	27
第 6 課	動詞述語	33
第 7 課	ヴォイス 1 ──受け身	39
第 8 課	ヴォイス 2 ──使役	45
第 9 課	ヴォイス 3 ──授受	51
第 10 課	ヴォイスの選択──話し手の視点	58
第 11 課	テンス──述語のル形とタ形	62
第 12 課	アスペクト 1 ──ル形・タ形とテイル形	67
第 13 課	アスペクト 2 ──テアル・テオク・テシマウ	73
第 14 課	イクとクル、テイクとテクル	78
第 15 課	単文から複文へ──従属節のいろいろ	84
第 16 課	連体修飾節	90
第 17 課	時を表す従属節	96
第 18 課	条件を表す従属節	101
第 19 課	出来事の関係を表す従属節	107
第 20 課	モダリティーの表現	112
第 21 課	出来事の関連づけ──ノダとワケダ	117
第 22 課	終助詞	123
第 23 課	待遇表現──敬語	129

第 24 課　　　指示語　138
第 25 課　　　文レベルから談話へ——談話のまとまり　144

練習問題と解答・解説　149
さらに勉強したい人のためのお薦め図書　162
索　引　165

コラム 1：　　ノ格の話　20
コラム 2：　　うなぎ文　32
コラム 3：　　所有者主語の使役文の話　50
コラム 4：　　話し手の視点　57
コラム 5：　　トコロダとバカリダ　72
コラム 6：　　ポライトネス　136

序章　日本語の文法への招待

> ねらい：現代日本語の文法概説の前に、言語類型論と語構成などから見える現代日本語の基本的な特徴を紹介します。
> キーワード：学習者、母語話者、文法、類型、語順、SOV 型、誤用、後置詞型、膠着語、形態素、文脈依存性、獲得

§1　類型論から見る現代日本語

　近年、日本語や言語の研究者や日本語**学習者**だけでなく**母語話者**の間でも現代日本語への関心が高まっています。

　日本語学は、個別言語としての現代日本語を研究対象とする狭義の言語学と考えられます。言語学は、言語のさまざまな側面を研究対象とし、音声、表記、語の成り立ち、文の構造、文章の成り立ち、言葉の使い方の規則性を探る学問です。狭義の**文法**は文の構造上の規則を指しますが、言葉を使う規則全般を総称して使われることもあり、近年、日本語学も基本的にこの広義の日本語文法の捉え方を志向しています。

　私たちが何気なく使っている現代日本語とはどのような言語でしょうか。日本語を**類型**論から見てみましょう。グリーンバーグ（Joseph Greenberg）は、さまざまな言語を、典型的な他動詞文の**語順**をもとに、主語（S）、目的語（O）、述語（V）を用いて類型化しました。日本語は「太郎が本を読んだ」や「花子が手紙を書いた」などから **SOV 型**言語に、英語は John read a book. や Mary wrote a letter. などから SVO 型言語に分類されます。日本語と同じ SOV 型には、トルコ語、韓国語、タミル語、モンゴル語などがあり、英語と同じ SVO 型には、フランス語、スペイン語、アラビア語、タイ語、マレー語、中国語などがあります。

　日本語は語順が自由だとも言われます。これは、次のような発話が可能だからです。

（1）　昨日友達に日本語学の本を貸した。
（2）　友達に昨日日本語学の本を貸した。
（3）　日本語学の本を昨日友達に貸した。

これらはどれも同じ事実を表します。しかし、「*日本語学の本を貸した友達に」「*友達に貸した日本語学の本を」などと言うことはできないことから、日本語の文の語順は、文末にVがあればほかの部分は自由だとわかります。
　また、日本語では「ああ、寒い！」「痛い！」「いいお天気だ」「あ、雨だ」のようにS（主語）がない文も頻繁に使われます。英語ならそれ自体には意味がないitなどをつけて主語を整える必要があるのですが、日本語ではこのような文に主語（S）をつけることは難しいのです。このことは、Sは日本語の文の必須な要素ではなく、必須なのはVであることを示します。日本語は、SOV型と言うより「動詞が最後の言語」と言ったほうが適当だと言えます。
　日本語学習者の**誤用**にも日本語の語順の手がかりがあります。誤用とは母語話者と異なる言語の使い方で、その原因は学習者の母語の影響によることが多いのです。日本語学習者は次のように言うことがあります。*は文法性に問題がある、つまり非文を意味する記号です。

　　（4）　*郵便局は、から九時まで五時です。

たとえば英語のような言語を母語とする学習者なら、The post office is open from 9 a.m. to 5 p.m. をそのまま置き換えたのだろうと想像できます。「9時から」「5時まで」と from 9 a.m.、to 5 p.m. を比べて、日本語は「から」や「まで」が時刻を表す言葉のあとにつく**後置詞型**言語で、英語はその反対に from や to が時刻を表す言葉の前に来る前置詞型言語だとも言われます。例文(1)～(3)のように日本語の語順が比較的自由なのは、日本語が後置詞言語だからです。また、次のような誤用もよく観察されます。

　　（5）　*ジョンさんは今日学校を休みますから病気です。

これもおそらく John is not coming to school because he is sick. をそのまま日本語に置き換えたのでしょう。日本語と英語では原因と結果が反対の順序になり、ちょうど鏡像（mirror image）の関係に思えます。

§2　語の成り立ちから見る現代日本語

　言語学では語の成り立ちに基づいて言語を分類することもあります。日本語

は、語の形態的特徴から**膠着語**(こうちゃくご)と言われます。膠着語の語は、基本的な意味を表す要素に他の意味や機能を表す要素が次々にくっついて出来上がります。たとえば、日本語では「読んだ」も「読ませられた」もどちらも一語になりますが、この二つは異なる内部構造をしています。語の成り立ちは**形態素**(＝意味を持つ最小の単位)に分析してみるとわかります。「読んだ」はyom + taとなり、yom '読む'という基本部分にその事態がすでに起こったことを表す形態素taがついて出来上がった語です。一方、「読ませられた」はyom-ase-rare-taと分析でき、yomに、働きかけを表すsaseと、影響をこうむったことを表すrareと、その事態がすでに起こったことを表すtaの三つの形態素がつらなって成り立つ語です。現代日本語の文法のさまざまな側面が語の形態素によって明示されます。

§3　日本語と文脈依存性

　すでに述べたように日本語は (S)(O)V 型の言語です。( ) は任意の要素を表します。日本語には、実際の言語使用で場面や文脈から話し手/書き手と聞き手/読み手に明白で、特に言及する理由がないことは言わないという特徴があります。これを言語の**文脈依存性**と言います。日本語は文脈依存性の高い言語です。
　たとえば次の学習者による初対面への相手への自己紹介を見てください。

　（６）　#はじめまして。私は○○です。私は学生です。私は△△から来ました。私の専攻は経済学です。どうぞよろしく。

(6)を構成する個々の文には問題がないのですが、全体として不自然に聞こえます。このように、個々の要素は文法的でも、全体として適切に聞こえない発話を#によって表します。この発話の不適切さは、「私」が繰り返されていることにあります。日本語では、このような場合「私」を言わないのが普通です。母語話者には(7)のほうが自然に聞こえるはずです。自己紹介の場合話し手に関することであるのは明白ですから、「私」を繰り返す必要はありません。

　（７）　はじめまして。○○です。学生です。△△から来ました。専攻は経済学です。どうぞよろしく。

また、「何を飲む?」「コーヒー」などの会話でも、「あなた」「私は」「飲む」は言

いません。会話の状況からわかるからです。

　このように日本語の解釈は、文脈に大きく依存します。日本語と同じように文脈依存性の高い言語を母語にする学習者には何でもないことですが、Sが文の必須要素である言語を母語にする学習者には、言わなくてもよい、言わないほうが自然だということを習得するのは難しいようです。

　言語の文法は、学習者にとっては意識的な学習の対象ですが、母語話者にとっては基本的に無意識に**獲得**するものです。母語話者は無意識に獲得した文法に気づきにくいものですが、学習者の産出する言語や子供が第一言語（母語）の獲得途上に産出する言語の観察を通して無意識に獲得した母語の姿が明確な輪郭を伴って現れることがあります。1課から、日本語の類型的な特徴と文脈依存性の高さをふまえて、日本語教育にも配慮しつつ、母語話者が無意識に獲得する日本語の文法を概説します。

第1課　日本語の品詞

ねらい：日本語の語を自立語と付属語に分類し、さらにその意味や機能から日本語の品詞について考えます。
キーワード：自立語、付属語、品詞、活用、統語的機能、学校文法、日本語教育の文法、判定詞

§1　品詞の分類

　語は形態変化（**活用**）の有無と文中の機能（**統語的機能**）によって分類することができます。その結果生じる語のまとまりを**品詞**と呼び、出来上がった分類を品詞分類と呼びます。中学校で習った文法（**学校文法**）を思い出してください。学校文法は、語を、単独で使われる**自立語**と単独では使われない**付属語**に分け、さらに形態が変化するかどうか（活用の有無）と文中での働き（主語や述語になれるかどうか）によって分類します。たとえば、「本」や「花」は名詞・自立語で活用がなく、文の主語や目的語になれます。「行く」「飲む」「読む」などは動詞で、自立語で活用があり、文の主要部である述語になれます。「大きい」「新しい」は形容詞で、自立語で活用があり、文の述語になれます。「は」「が」「を」などは助詞です。助詞は、名詞や動詞の語幹の後ろにつく付属語、つまり後置詞で活用しません。「させる」「られる」「ない」などは助動詞です。述語の語幹についてさまざまな意味を添える付属語で、活用します。
　このようにして表1のような品詞が認められています。

表1　日本語の品詞

自立語	活用あり	述語になれる：動詞、形容詞、形容動詞
	活用なし	主語になれる：名詞
		主語になれない：副詞、連体詞、接続詞、感動詞
付属語	活用あり	助動詞
	活用なし	助詞

　品詞の例をもう少し挙げます。形容動詞は「きれいだ」「元気だ」などで、自立

語で活用があり、述語になります。副詞は「とても」「非常に」「大変」などで、活用しない自立語で、主語にはなりません。連体詞は、「この」「そんな」「或る」「大きな」などで、自立語で活用はなく、常に名詞の前に来てその名詞を修飾します。接続詞は、「しかし」「でも」「けれど」などで、文と文をつなぐ語群です。接続詞は25課で解説します。感動詞は、「ああ」「おや」「まあ」などで、応答を表す「はい」「いいえ」なども感動詞に分類されます。助動詞には、先の「させる」「られる」「ない」のほかに「だろう」「らしい」なども含まれます。助詞には、上述の「が」「は」「を」のほかに「か」「ね」「よ」などいろいろな種類があります。助詞については、3課、4課、22課で考えます。

　上の品詞分類は母語話者には問題がなさそうに思えますが、日本語を教える場合にはいくつか問題が生じます。そもそも学校文法は、母語話者が無意識に獲得した母語の知識を改めて意識的に整理しなおすときの「ものさし」のようなものです。それに対して、外国語としての日本語教育の文法は、学習者が日本語の文を産出するときの手がかりとなるべき「規則の集合」と言ってよいでしょう。以下で、外国語としての日本語の観点から日本語の品詞について考えます。

§2　日本語の述語のタイプ——動詞述語・形容詞述語・名詞述語

　日本語教育の文法では、日本語の文を述語の主要部の品詞によって三つのタイプに分類します。「学校へ行く」「寮に帰る」のように動詞で終わる文を動詞述語文と言い、「この映画は面白い」「このケーキはおいしい」のように形容詞で終わる文を形容詞述語文と言います。また、「彼は学生だ」「これは本だ」のように名詞に活用のある付属語の「だ」がついて終わる文は名詞述語文と言います。

　学校文法では自立語で活用があり述語になれるものに形容動詞がありますが、日本語教育ではこの品詞を認めません。その理由を考えます。

　形容動詞は、「元気だ」「きれいだ」などからわかるように、何かの属性を表すという点で形容詞に似ています。形態はどうでしょうか。学校文法では、形容詞は「かろ(未然)、かっ・く(連用)、い(終止)、い(連体)、けれ(仮定)」と活用し、形容動詞は、「だろ(未然)、だっ・で・に(連用)、だ(終止)、な(連体)、なら(仮定)」と活用します。一方、助動詞「だ」の活用は「だろ(未然)、だっ・で(連用)、だ(終止)、な・の(連体)、なら(仮定)」で、形容動詞の活用は助動詞の「だ」の活用とほぼ同じです。

学習者から見ると「本だろう・本で・本だ」も「元気だろう・元気で・元気だ」も、形態的には「形の変わらない部分＋活用部分」であり、形容動詞と名詞述語の違いが判然としません。つまり、形容動詞は、意味は形容詞に近く、形態は名詞述語「名詞＋だ」に近い語群で、日本語教育で独立した品詞とする根拠が乏しいのです。

　形容動詞が形容詞や名詞と違うことは、これらを他の名詞の修飾部分にしてみるとわかります。形容詞は「美しい花」、形容動詞は「きれいな花」、名詞は「日本の花」となります。日本語教育の文法では、名詞の修飾のしかたに着目して形容動詞を分類します。分類の立場は二つあります。意味に基づいて形容詞の下位分類にする場合は、従来の形容詞をイ形容詞、形容動詞をナ形容詞とします。また、形態に基づいて名詞の下位分類とする場合は、普通の名詞と区別して、ナ名詞とします。どちらの立場をとるかにかかわらず、形容動詞は日本語教育の文法用語にはなく、結果として、日本語の述語は、動詞述語、形容詞述語、名詞述語の三タイプに整理されます。形容動詞の扱いには、日本語教育に求められる日本語を外から見る視点が反映されています。

§3　日本語教育の文法と助動詞

　もう一つ学校文法と日本語教育で扱いが異なるのは助動詞です。学校文法の助動詞には、「させる」「られる」などの使役や受け身・可能を表すものや、「ない」「た」など否定や過去を表すもの、また「だろう」「らしい」「ようだ」「みたいだ」のように話し手の推量を表すものなどたくさんありますが、日本語教育では、「させる」「られる」や「ない」「た」などは助動詞ではなく、動詞の活用の一部に組み込まれます。

　学校文法の動詞の活用と日本語教育の典型的な動詞の活用を比べてみましょう。学校文法では、動詞の活用形は、未然形・連用形・終止形・連体形・仮定形・命令形の六種類です。「書く」の場合、語幹は「か」とし、「書か(ない)、書こ(う)、書き(ます)、書い(て)、書く、書く、書け(ば)、書け」となります。

　一方、日本語教育の動詞の活用では、表2のように「書く」に十三の活用形を認めます。受け身形は7課で、使役形は8課で、タラ形とバ形は18課で解説します。

表 2 「書く」の活用

辞書形	書く		
マス形	書きます	受け身形	書かれる
テ形	書いて	使役形	書かせる
タ形	書いた	使役受け身形	書かせられる
タラ形	書いたら	可能形	書ける
タリ形	書いたり	バ形	書けば
否定形・ナイ形	書かない	意向形	書こう

　学校文法とは活用形の名称も異なります。また、学校文法の活用形の名称には基準が混在しています。未然形、仮定形などは意味に基づき、連用形、連体形、終止形などは機能に基づいています。仮定形は「書けば」で、「書いたら」は仮定形と認めないのも説得力を欠きます。また、現代語では連体形と終止形の区別はありません。

　日本語教育の文法は、学習者が段階を追って学習し、徐々により複雑な構造の文を産出できるようになるための文の生成規則です。学習者が日本語学習のはじめの段階で出会うのは「書きます」の形で、それ以外の活用形は時間をかけて段階的に導入され、学び始めて一年後ごろに活用表の全体が完成します。そこで、活用形にはなるべく形式に基づいた名称をつけ、学習の負担を軽くし、「書きたい」や「書きながら」はマス形の語幹にそれぞれ「たい」、「ながら」をつけるなどと説明します。

　しかし、日本語教育の文法に助動詞が認められていないわけではありません。助動詞という用語は一般に使いませんが、たとえば「だ」は**判定詞**(コピュラ/copula・繋辞)などと呼ばれ、「のだ」「わけだ」「ようだ」「そうだ」などの文末形式に現れます。また「らしい」「だろう」なども学習項目です。「のだ」「わけだ」は 21 課で、「そうだ」「だろう」は 20 課で解説します。いずれにしても、外国語としての日本語の文法には、どの言語を母語にする学習者に対しても説明可能な客観性が求められるのです。

【練習問題 1】
　　次のような学習者の誤用の原因を考えてください。
1)　*公園の桜は、とてもきれかったです。
2)　*コーヒーは、おいしくじゃありません。

3)　*これ本は、おもしろいでした。

【練習問題2】
　「平和の誓い」と「平和な国」、「自由な行動」と「自由の女神」など、名詞を修飾するときに「な」も「の」も可能な語があります。同じような例を探して、「な」になる場合と「の」になる場合に何か違いがあるか考えてください。
（解答例は p.149 にあります）

第2課　名詞述語と形容詞述語

> ねらい：三タイプの述語のうち、形容詞述語と名詞述語を整理します。
> キーワード：普通名詞、人称名詞、数量名詞、形式名詞、イ形容詞、ナ形容詞、属性形容詞、感覚・感情形容詞

§1　名詞述語

　名詞の基本的な機能は、「学生が」「本を」「学生は」「本も」のようなさまざまな助詞を伴って文の一部をなしたり、「学生だ」「本だ」のように判定詞「だ」を伴って述語になったりすることです。

　名詞は、それが表す意味によって、いくつかに下位分類されます。まず、**普通名詞**は、一般的に人やモノを表す名詞、何らかの事態（コト）を表す名詞、時を表す名詞、場所を表す名詞などに分けることができます。

　また、「だれ」「何」「いつ」「どこ」などの疑問を表す語（疑問語）も通常名詞です。ただし「どう」「どうして」や「なぜ」は「だ」がついて述語になりますが、助詞を伴うことがないことからわかるように名詞ではありません。

　英語には、I, you, my, he などのいわゆる代名詞があります。場面によってそれらの語が指し示す対象が決まり、語形変化する語です。日本語の「私」「僕」「あなた」なども場面によってだれのことか決まるという点では似ています。しかし、「私は」「私の」「私に」のように「私」は語形変化せず、たとえば「猫は」「猫の」「猫に」と同じようにふるまい、また「僕、いくつ？」のような使い方もあるので、英語の代名詞とは異なります。これらを**人称名詞**と呼びます。

　話し手と聞き手の関係に基づいてモノゴトを指し示す言葉を指示語と言います。指示語の中で「これ」「それ」「ここ」「どこ」などは名詞です。指示語は24課で解説します。

　また、モノゴトの程度や量を表す「たくさん」「大勢」「半分」「すべて」などは**数量名詞**と呼ばれます。数量を表す表現は、測定されるものの性質によって一般に「数を表す名詞＋助数詞（類別詞）」の形をとります。助数詞（類別詞）は数につく付属語で、「〜本」「〜枚」「〜回」などがあります。数量を表す語は、「学生が大勢来た」「コーヒーを三杯飲んだ」「本を二冊買った」のように、文中では述

語の様子を表す副詞の機能を担うことが多いです。

形式名詞と呼ばれる名詞もあります。形式名詞は、名詞としての意味が希薄で、その意味を補う修飾要素を伴って現れます。モノ、コト、トコロなどがあります。これらの語は、具体的な概念を表さず、判定詞「だ」を伴って、モノゴトとモノゴトの関係、動きの一面、話し手の評価など、話し手による事態のさまざまな捉え方を表示します。20課で取り上げます。

名詞述語は「名詞 + **判定詞**(copula)」の形をとります。判定詞には「だ」のほかに「である」「です」など、文体によって形に違いがあります。たとえば「です」は聞き手を意識して使われるので丁寧体と呼び、「だ」は普通体と呼びます。表1に判定詞の活用を1課の動詞の活用(→ p. 8)にならって整理します。ただし、受身形や使役形などは動詞にしかありません。

表1　判定詞の活用

	だ(da)	である(dearu)	です(desu)
辞書形	da	dearu	desu
中止形・副詞形	de・ni	deari	de
テ形	de	deatte	desite
タ形	datta	deatta	desita
タラ形	dattara	deattara	desitara
タリ形	dattari	deattari	desitari
バ形	naraba	deareba	desitaraba

次に、名詞述語(名詞+判定詞)が他の名詞を修飾する場合を考えましょう。「妹は医者だ」と「妹は医者である」はそれぞれ「*医者だ妹」「医者である妹」となり、「*医者だ妹」には非文の印である * がつきます。しかし、その代わり「医者の妹」と言うことができます。この「の」は、「私の本」や「日本の車」のように名詞と名詞をつないでモノの所有や製造元を表したりする助詞「の」ではありません。二つの名詞をイコールの関係でつないでいます。そこで、このような「の」を判定詞「だ」の連体形(名詞を修飾する形)と考えます。

また、判定詞の否定は中止形をもとにします。「だ・である」は「で + は + ない」に、「です」は「で + は + ありません」となり、いずれも中止形に助詞「は」がついて否定の「ない」が後続する形です。これらの過去の形は、「で + は + なかった」「で + は + ありませんでした」となります。

ただし、判定詞「だ」が現れない場合があります。質問文の「学生ですか」「何をするつもりですか」は言えますが、「*学生だか」「*何をするつもりだか」とは言えません。この場合、上昇イントネーションを伴って「学生 ?」「何をするつもり ?」となります。

§2 形容詞述語──イ形容詞とナ形容詞

形容詞には、基本的に何かを修飾する機能と文の述語としての機能があります。修飾する機能はさらに二つに分かれます。一つは名詞が表すモノゴトについてその状態や属性を示す機能、もう一つは動詞述語を修飾し、その様態を表す機能です。

日本語の形容詞の辞書形は、「大きい」「新しい」「面白い」のように「い」で終わります。1 課で、「元気だ」「便利だ」などは形容詞述語か名詞述語のいずれかに分類できると述べました。ここでは、「大きい」も「便利だ」も「-さ」をつけて「大きさ」「便利さ」のように普通名詞にすることができることから形容詞の下位に分類して**ナ形容詞**とし、典型的な形容詞を**イ形容詞**とします。

日本語の形容詞は、語形変化する、つまり活用する点で、英語の形容詞と異なります。英語の形容詞は語形変化せず、代わりに be 動詞が変化します。イ形容詞とナ形容詞の活用を表1の判定詞の活用にならうと表2のようになります。「大きい(ookii)」と「元気だ(genkida)」で例示します。

表2 形容詞の活用

	イ形容詞	ナ形容詞
辞書形	ooki-i	genki-da
中止形・副詞形	ooki-ku	genki-ni
テ形	ooki-ku-te	genki-de
タ形	ooki-katta	genki-datta
タラ形	ooki-kattara	genki-dattara
タリ形	ooki-kattari	genki-dattari
バ形	ooki-kereba	genki-deareba, genki-nara(ba)

イ形容詞の否定形は中止形に「ない」をつけて「ooki-ku nai」となります。イ形

容詞の否定の過去形を考えてみましょう。「～くない」は「-i」で終わるので、その過去形は、イ形容詞のタ形と同様の変化をして「～くなかった」となります。一方、ナ形容詞の否定は、テ形をもとに「～で＋は＋ない」となりますが、その過去形もイ形容詞と同じように「～で＋はなかった」となります。

　すでに述べたように、名詞を修飾する場合、イ形容詞は言い切りの形が名詞の前について「面白い本」になりますが、ナ形容詞は「*元気だ子供」と言わず「元気な子供」となります。そこで「ナ形容詞-な」をナ形容詞の連体形と考えます。

　学習者が戸惑うのは、形容詞の丁寧体とその否定の形です。イ形容詞「大きい」を丁寧体にすると「大きいです」となりますが、ナ形容詞「元気だ」は「*元気だです」ではなく「元気です」です。ナ形容詞は、「元気だ」が普通体、「元気です」が丁寧体で、「だ」と「です」が入れ替わるように見えます。「元気です・元気ではありません・元気でした・元気ではありませんでした」と変化し、名詞述語と同じだとわかります。一方、イ形容詞は、「大きいです・大きくないです・大きかったです・大きくなかったです」で、「です」は変化しません。イ形容詞の場合、「です」は単に文体をマークする要素なのです。形容詞の活用と「です」のふるまいは、学習者にとって初級段階のハードルの一つです。

§3　意味による形容詞の分類

　最後に意味による形容詞の分類に簡単に触れます。形容詞には、ヒトやモノの属性を示す**属性形容詞**（大きい、古い、静かだ、元気だなど）と感情や感覚を表す**感覚・感情形容詞**（悲しい、うれしい、はずかしい、痛い、いやだ、ほしいなど）があります。

　感覚・感情形容詞は、話し手の知覚や内面の状態を描写する、きわめて主観性の高い言葉です。通常、一人称（私）の内面について述べる以外は、目の前の聞き手（二人称）に問いかけるときにしか使いません。英語では、He is sad. とか She is happy. などと言えますが、日本語では、「痛い！」「うれしい！」のように、「だれが」を言わないのが普通です。言わなくても話し手の感覚・感情だとわかるからです。ただし、好き嫌いのように外からある程度観察可能な場合は、三人称でも使われることがあります。

【練習問題1】
　次のような文の感覚・感情形容詞「恐ろしい」「苦しい」はどのように理解したらよいか考えてください。
1)　戦争は恐ろしい。
2)　年金生活は苦しい。

【練習問題2】
　名詞述語と形容詞述語否定の形には二通りあります。それぞれどのように分析できるか考えてください。
1)　大きくないです・大きくありません
2)　元気じゃないです・元気じゃありません
（解答例は p.149 にあります）

第3課 語から文へ──助詞

> ねらい：活用のない付属語の助詞を分類しそれぞれの機能をまとめます。助詞には、格助詞、提題助詞、とりたて助詞、接続助詞、終助詞、並列助詞、準体助詞がありますが、ここでは特に述語との意味関係を表す格助詞について考察します。
> キーワード：格助詞、提題助詞、とりたて助詞、接続助詞、並列助詞、終助詞、準体助詞、格、補語、意味役割、必須補語

§1 助詞の種類

　駅の雑踏の中にいても「まもなく1番線に」というアナウンスが聞こえれば電車が来ることがわかります。また「まもなく1番線を」が聞こえれば通過電車が来ることがわかります。このように、終わりまで聞かなくてもアナウンスの内容がわかるのは、「を」と「に」のおかげです。「を」や「に」は助詞に属する言葉です。

　助詞は活用しない付属語で、後置詞です。自立語に後続して何らかの意味を付加する機能を持ちます。日本語は助詞を多用します。助詞は使用を間違えると、「兄が弟を殴った」「兄を弟が殴った」のように被害者を加害者にしてしまう可能性があります。

　助詞は、文中における位置や意味、機能によって五種類に分類されます。

表1　助詞の種類と機能

(1)	格助詞	名詞(句)に後続して述語との関係を表示する
(2)	提題助詞	名詞(句)に後続して文の主題を表示する
(3)	接続助詞	名詞(句)と名詞(句)や節と節を接続する
(4)	とりたて助詞	文中のある要素に焦点を当てて意味を付加する
(5)	終助詞	文末について話し手の発話意図などを表示する

格助詞は、名詞句と述語の意味との関係を表します。たとえば、「弟が本を読んだ」には、「弟が」と「本を」という二つの「名詞句＋助詞」があります。この「名

詞句＋助詞」は、述語の意味を補うという意味から、述語の**補語**と呼ばれます。「弟が」という補語は、「読む」が表す行為をする者、つまり行為者が「弟」であることの表示です。また、「本を」は、「読む」という動詞の表す行為の向かう対象が「本」であることを示します。このように、どの格助詞を使うかは述語の意味によって決まります。

　提題助詞は、日本語の文を「題目と陳述」の二つの部分に分析した場合、その題目を表示する機能を有します。題目は一般に主題と呼ばれ、もっぱら「は」でマークされます。「は」は「これは本です」「私は学生です」など日本語教育の初級の学習項目ですが、学習者はその習得に時間がかかるようです。「は」の機能については、5課で「が」と対照しながら考察します。

　接続助詞には、名詞と名詞をつなぐものと節と節をつなぐものがあり、それぞれ並列につなぐものと主従の関係でつなぐものに分けられます。名詞と名詞をつなぐ助詞には、並列な関係でつなぐ**並列助詞**（と、やら、とか、か）と、「私の本」「太郎の車」のノのように、修飾する名詞（従）と修飾される名詞（主）の関係でつなぐものがあります。「最近のガソリンの価格の高騰」などの名詞句の主要部は最後の名詞です。節と節をつなぐ助詞も、節と節とを並列につなぐ「し」「が」と、主従の関係でつなぐ「から」「ので」「のに」などに分かれます。接続助詞は19課で考察します。

　とりたて助詞は、学校文法の副助詞と係助詞にあたります。現代日本語では係り結びが消失し、副助詞・係り助詞の区別が意味をなさなくなったことから、文中の要素に焦点を当てて他のものと区別してとりたてる機能を有するものとして、とりたて助詞と総称されるようになりました。とりたて助詞は、文中の何らかの要素に焦点を当てる機能を持つ助詞で、「も」「こそ」「さえ」「だけ」「しか」などがあります。たとえば、「コーヒーを飲んだ」の代わりに「コーヒーも飲んだ」と言うと、ある人が飲んだモノはコーヒーのほかにも何かあって、それに加えてコーヒーを飲んだという意味が伝わります。文中の何かの要素に焦点を当てることで、他の同じようなモノの存在を言外に示唆し、それとの関連で焦点を当てた要素について言及する機能を持っています。日本語はとりたて助詞が豊富です。とりたて助詞は4課で考察します。

　終助詞は、文の末尾について発話内容についての話し手の伝達意図や聞き手に対する気持ちのありようを表します。「か」「よ」「ね」「な」「わ」「さ」「ぜ」「かしら」などがあります。たとえば、話し手は「元気ですか」で聞き手の健康状態を判断ができないことを伝え、聞き手の反応を待ちます。また「いい天気ですね」

は、天候についての話し手の判断を伝え、聞き手の同意を得たいということを表します。詳しくは22課で考察します。

このほかに、文脈に現れた名詞を代用する機能を持つ**準体助詞**があります。「この靴はきついから、もう少し大きい<u>の</u>がほしい」「柿は、よく熟した<u>の</u>がおいしい」「皿が汚れているので、きれいな<u>の</u>をお願いします」「これは太郎のカメラだけど、あれはだれ<u>の</u>ですか」のノが準体助詞です。文脈や会話の場で何のことか了解済みの名詞を代用します。ノが代用するものが明らかな場合にのみ使われます。通常はモノを表す名詞の代用ですから、「めがねをかけている<u>の</u>はだれですか」のようにヒトの代わりに使うと人間をモノ扱いにしたような発話になり、待遇上の問題を生じる可能性があります。

§2　格助詞の格と意味役割

1課で述べたように、日本語の文の中心は述語です。「飲む」という動詞を使ってこのことを考えてみます。だれかが「飲んだ」と言ったとします。会話で目の前に空のコーヒーカップがあれば、発話者の意図を即座に理解することが可能ですが、文脈がなかったら「だれが？」「何を？」と質問をしたくなります。

「田中<u>が</u>喫茶店<u>で</u>コーヒー<u>を</u>飲んだ」から「飲む」という行為に関連して、「田中」が行為者、「喫茶店」が行為の場所、「コーヒー」が行為の対象であることが、それぞれガ、デ、ヲによってわかります。このように、格助詞は文中の名詞句と述語の意味関係を表示する機能を持ちます。この関係を**格**と呼びます。日本語には次のような格助詞があります。

（1）　ガ格、ヲ格、ニ格、ヘ格、デ格、カラ格、マデ格、ト格、ヨリ格

先の例では、ガ格が動作主を、デ格が動作の場所を、ヲ格が動作の対象を表示しています。「名詞句＋格助詞」は述語の**補語**と呼ばれ、ガ格補語、ヲ格補語、デ格補語などと呼びます。ただし、（1）にはノは含まれません。ノは「私<u>の</u>本」「友達<u>の</u>家」のように名詞句と名詞句とをつなぐ機能を持つ並列助詞で、名詞句と述語の意味との関係を表示する格ではありません。

格助詞が示す補語の**意味役割**を考えます。まず、ガ格は「飲む」のような動作や変化の主体（動作主）や「今日は空<u>が</u>きれいだ」のような状態の主体や「弟<u>が</u>ス

語から文へ——助詞　　17

ケートができる」「兄が中国語がわかる」「妹が甘いものが好きだ」のような可能や好悪などの対象（状態の対象）とそれらの状態を経験する主体（経験主）を表すことができます。

ヲ格は「飲む」のような動作や「好む」「嫌う」のような感情が向かう対象を表す場合と「黄色い線の内側をお歩きください」「この道をまっすぐ行ってください」のように移動の動作の経路を表す場合、また「大学を卒業した」「新宿で電車を降りた」のように移動の出発点（起点）を示す場合があります。

ニ格は「友達に会った」「友達に相談した」のように動作の向かう相手を表したり「三時に会いましょう」のように動作や活動の時を表したり「新聞はここにあります」のように存在の場所を表したり「明日もここに来てください」のように移動動作の到着点や目的を表したりします。

デ格は「図書館で勉強した」のような動作や活動の場所、「車で来た」「ペンで書いた」のような活動の道具や手段、「事故で怪我をした」のような事態の原因・理由などを表します。

このように、述語の意味に基づいて決まる補語の意味役割が格助詞によって表示されます。整理すると概ね次のようになります。

表2　格助詞と意味役割

ガ格	動作や変化の主体（動作主）、状態の主体、経験する主体（経験主）、可能や好悪の対象
ヲ格	動作・活動の対象、感情の向かう対象、移動動作の経路、起点
ニ格	動作の向かう相手、存在の場所、目的・目標、時、起点
ヘ格	移動先、移動の方向
デ格	出来事の場所、道具・手段、事態の原因・理由
カラ格・ヨリ格	起点
マデ格	最終到達点、限界点
ト格	共同動作の相手、動作の協力者、引用

§3　必須補語と任意の補語

述語によっては、その述語の事態や出来事が成立するためにどうしても必要な補語と、それがなくても述語の事態や出来事が成立するような補語があります。

たとえば「三時に教室で山田が素手で田中を殴った」という文では、ガ格補語とヲ格補語は、「殴る」という事態・出来事が成立するために必要な意味役割である動作主と対象を担っていますが、時を示す「三時に」、場所を示す「教室で」、手段を示す「素手で」は、それらがなくても「殴る」という事態は成立し、文としてのまとまりに不自然さは生じません。このように、述語が表す出来事や事態が成立するために最小限必要な情報を担う補語を**必須補語**、またそれがなくても出来事や事態の成立に影響がない情報を担う補語を任意の補語あるいは付加的補語と呼んで区別します。動作主を表すガ格補語、対象を表すヲ格補語、相手を表すニ格補語などは述語の必須補語ですが、時を示すニ格補語や活動の場所や活動の道具・手段を示すデ格補語などは述語の意味と関係なく使うことができる任意の補語です。

必須補語は述語によって決まるので、日本語教育では、たとえば「～が～を」をとる動詞(食べる、飲む、書くなど)、「～が～に～を」をとる動詞(教える、見せる、紹介する、送る、あげるなど)のように述語の格の型を文型として学習項目にすることがあります。

【練習問題1】
　次の質問に答えてください。
1. 「乗用車がバスとぶつかった」は言えますが、「*乗用車が壁とぶつかった」と言えないのはどうしてでしょうか。
2. 「ここに新聞があります」は言えますが、「*北京にオリンピックがあります」と言えないのはどうしてでしょうか。

【練習問題2】
　「友達と勉強した」と「友達とけんかした」には、どちらもト格補語がありますが、性質が異なります。どのように違うでしょうか。
（解答例はp.150にあります）

コラム1: ノ格の話

　ノ格は、名詞句と名詞句をつないで、その関係を示します。ノ格が表す名詞句と名詞句の関係にはどのようなものがあるでしょうか。日本語教育では、初級すぐの段階では、「AのB」という形を示し、いろいろな例をあげて練習します。「Aの」はBを説明する部分、Bを修飾する部分ですが、それはどのような修飾関係でしょうか。

　「私の本」は「私が所有する本」「私が書いた本」「私について書かれている本」などの意味になり、「日本語の本」は「日本語についての本」「日本語で書かれている本」などの意味を表します。その意味関係が適切かどうかは文脈によって決まるため、日本語の文脈依存性の理解が必要です。

　また、「勉強」「研究」「理解」などスルがついていわゆるスル動詞を形成する名詞がBの場合は、「日本語の勉強」「現代語の研究」のようにAがBの表す活動の対象になっているものや、「親の理解」のようにAがBの表す状態の主体になっているものまでさまざまです。

　ノ格は他の格助詞のついた補語をAにとることもできます。「バスで通学する」から「バスでの通学」、「母から手紙が来た」から「母からの手紙」などがそれです。ただし、「友達に手紙を書く」「親に連絡する」などのニ格補語の場合は、「友達への手紙」「親への連絡」のように、AニノBではなく、AヘノBとする必要があります。

　このほかに、「妹の和子は大学生だ」の場合のノは「デアル」の関係、つまり「A＝B」の関係を意味します。このことから、たとえば、「医者の妹」が二通りに解釈されることがわかります。一つは「ある医者から見て妹にあたる女性」のことで、もう一つは「医者を職業とする(私の)妹」のことです。

　さらに、「AのBのCのD」などと、ノ格をいくつもつないで、名詞句の主要部のDを修飾することもできますが、それぞれのノ格が表す関係は同じとは限りません。母語話者は無意識にこれらを使い分けますが、日本語を外国語として教えるときには、ノが表す意味を客観的に整理して提示することが必要です。

第4課　文の要素のとりたて——焦点化

> ねらい：とりたて助詞は、文中のある要素に焦点を当てることで、文に現れていない他のものについて何かを暗示する機能を持つ助詞です。他のものの存在を前提に何かを追加するタイプのとりたてと、他のものの非存在を前提に何かに焦点を当てるタイプのとりたてについて考えます。
>
> キーワード：暗示、含意、とりたて、焦点、添加（累加）、排他（限定）型

§1　とりたてということ

　文中の要素を際立てることで、文中に現れていない別の要素について何かを暗示する機能を**とりたて**と言います。とりたて助詞は、文中の要素を際立て**焦点**を当てる機能を担う助詞です。

（1）　コーヒーを飲んだ。
（2）　コーヒーも飲んだ。
（3）　コーヒーだけ飲んだ。

それぞれの違いは何でしょうか。いずれもだれかがコーヒーを飲んだことを主張する文ですが、(2)の「コーヒーも飲んだ」からは、だれかがコーヒー以外に飲んだものが存在するということが伝わります。話し手は、文中のあるものにモで焦点を当てて際立たせて、その文の論理的な意味「だれかがコーヒーを飲んだ」の主張に加えて文に現れない何か、すなわち飲んだものはコーヒー以外にもあることを**暗示**します。これを**含意**と言います。
　(3)の「コーヒーだけ飲んだ」からは、コーヒー以外に飲んだものが存在しないことが伝わります。ダケで文中のあるものに焦点を当て、際立たせることで、その文の論理的な意味の主張に加えて、文に現れていないこと、すなわち飲んだものはコーヒーに限定されることを含意します。
　このように、モは同じような他のものの存在を含意し焦点を当てた要素をそのリストに**添加**する機能を、ダケは同じような他のものの非存在を含意し焦点を当

てた要素を**排他的に限定**する機能を持ちます。前者を、**添加(累加)型**のとりたて、後者を**排他(限定)型**のとりたてと呼んで区別することができます。

以上二つの観点でとりたて助詞を整理すると、表1のようになります。

表1　添加型と排他型のとりたて助詞

添加(累加)型	モ、サエ、デモ、スラ、マデ、ダッテ、クライ
排他(限定)型	ダケ、シカ、バカリ、ノミ

では、次の文はどうでしょう。

（4）　コーヒーは飲んだ。

この文がだれかがコーヒーを飲んだことを主張しているという点は他の場合と同じですが、コーヒー以外のモノの存在や非存在には特に触れません。他のものはともかく、少なくともコーヒーは飲んだというような、緩やかな対比を意味していると考えられます。このようなハも排他(限定)型と考えてよさそうです。

これ以外にも、「コソ」「ナド」「ナンカ」「ナンテ」など、他のモノの存在を肯定し、それと相対的に文中の何かをとりたてる機能を持つものもありますが、ここでは、添加(累加)型と排他(限定)型のとりたて助詞を考察します。

§2　添加型のとりたて助詞──モ、サエ、マデ

とりたて助詞は日本語学習者には難しいようです。どれも強調の機能があると教えられるようですが、「どのような強調か」が的確に教えられていないようです。

まず、添加(累加)型のとりたて助詞、モ、サエ、マデについて考えます。次の文を見てください。

（5）　彼は、二週間前の牛乳も飲んだ。
（6）　彼は、二週間前の牛乳さえ飲んだ。
（7）　彼は、二週間前の牛乳まで飲んだ。

これらの文で、モ、サエ、マデは、それぞれどのような意味に解釈されるでしょうか。まず、モは典型的な添加（累加）型のとりたて助詞です。(5)の「二週間前の牛乳も飲んだ」と聞くと、その人が二週間前の牛乳を飲んだという主張と、それ以外にも何かほかにその人が飲んだモノがあるということが暗示され、結果としてその人が飲んだモノのリストに二週間前の牛乳が追加されたことが伝わります。

　(6)の「二週間前の牛乳さえ飲んだ」はどうでしょう。その人が二週間前の牛乳を飲んだという主張とその人が飲んだものがほかにもあるという含意はモの場合と同じです。

　サエは飲んだものの間に飲みやすさの程度のような、私たちの常識に支えられたある種の順番づけ（スケール）の存在を暗示します。そして、そのスケール上で「二週間前の牛乳」が極端に飲みにくいものであるということを含意する働きがあります。その人は、飲み物なら何でもよく、二週間前の腐りかけているかもしれないような牛乳を飲むほどのどが渇いていたらしいというようなことが伝わります。サエは、常識で考えられる何らかのスケール上の極端な要素をとりたてることで、その意外性からモより緊迫感のある表現効果を生み出します。

　サエは条件文で使われることがあります。「暇さえあれば、漫画を読んでいる」「やる気になりさえすれば、よい仕事をする」などがそれです。職場の条件を整えても、やる気にならない限りいい仕事は期待できない。やる気になることがよい仕事をするための最低条件であるというような意味になります。条件節のサエは、それが含意するスケールの極端な要素をとりたてて、あとの文が表す事態の実現の必要条件を表します。

　では、(7)の「二週間前の牛乳まで飲んだ」はどうでしょうか。3課のマデの基本的な意味役割（→ p. 18）を思い出してください。マデは、最終到達点や限界点を意味する助詞です。マデは、「A カラ B マデ」という、起点と限界点を持つ連続体を前提にします。その人が飲んだものが「何かから二週間前の牛乳まで」ということになり、限界点をとりたてることで、その連続体のすべてを飲んだことが含意されます。飲めるものは、たとえ二週間前の牛乳であっても飲んだという意味になります。サエの場合と似ていると感じられるかもしれませんが、極端な要素をとりたてて意外性を伝えるサエに対して、マデは「すべて」を含意するだけで、サエほど強いインパクトを聞き手に与えることはありません。

　X モ、X サエ、X マデは、いずれもほかに X と同様のモノの集合があるということを含意しその文の論理的意味を主張します。加えて、X マデは他のモノの

集合がなす連続体の端から端までのすべてを伝え、Xサエは集合をスケールに並べ替え、スケール上の極端なメンバーXの存在に焦点を当てることで、緊迫感や意外性などを伝えます。このように、どの添加型のとりたて助詞を使うかによって、同じような他のモノの集合のあり方を示し分け、それが導くさまざまな含意を使い分けることができます。

§3　排他型のとりたて助詞――ダケ、シカ、バカリ

次の会話はどのように聞こえますか。Bは日本語学習者です。

（8）　A：　日本語がお上手ですね。
　　　　B：　#まだまだです。一年だけ勉強しましたから。

日本語力をほめられたBは、学習期間が短いのでまだ上手ではないと返答したいのでしょう。「一年だけ」は英語の only one year にあたり、学習期間の短さが伝わるはずですが、うまくいきません。「一年だけ」を「一年しか」に代えると、学習期間の短さを理由とするすわりのよい答えになります。

（8'）　B：　まだまだです。一年しか勉強していませんから。

シカは述語の否定の要素と共起します。以下シカ-ナイと記述します。(9) の会話はどうでしょうか。Bは日本語学習者です。

（9）　A：　週末はどうでしたか。
　　　　B：　#試験があるので、勉強だけしていました。

Bは遊ばずに一生懸命勉強したことを強調していますが、どこか不自然です。「勉強だけ」を「勉強ばかり」に代えるとBの意図が伝わります。

（9'）　B：　試験があるので、勉強ばかりしていました。

次に、排他(限定)型のバカリを加えて考えます。

　三つの排他型とりたて助詞にはどのような違いがあるでしょうか。まず、「学生だけ(が)来た」と「学生しか来なかった」を考えましょう。どちらも「学生が来た」ということを主張しています。「学生だけ来た」は来る可能性のあるものの集合のうちで来たのはみんな学生だということを含意します。一方、「学生しか来なかった」は、来る可能性のあるものの集合から学生を除くと空の集合になる、つまり、だれもいなくなることを含意します。どちらも学生以外に来たものはないということなのですが、「学生だけ」は「来たものの集合」にスポットライトを当てており、「学生しか〜ない」は、学生を排除した空の集合にスポットライトを当てているような違いがあります。空の集合に焦点を当てる、つまり否定的な部分に焦点を当てることで、実際に来た者が少数であるというような話し手の評価が含意されます。

　このことから、(8)の学習期間の短さを伝えたいBの発話としては、「一年だけ」でなく「一年しか〜ない」のほうが適切であることが説明できます。つまり、Bは学習期間の短さについて否定的な評価(たとえば、もっと勉強したらよかったなどの気持ち)をしていると伝えることができるわけです。

　次に、ダケとバカリを比べてみましょう。教室で生徒がほめられる場面を想像してください。

(10)　生徒は大勢いるのに、田中君だけ(が)ほめられる。
(11)　生徒は大勢いるのに、田中ばかり(が)ほめられる。

(10)と(11)は、どちらも田中君がほめられることを主張します。「田中君だけ」は、先生にほめられるのは田中君一人だと言うことで田中君以外にほめられる生徒が存在しないことを含意します。一方「田中君ばかり」は、先生が生徒をほめるのを観察していると、毎回のように田中君がほめられている、つまり田中君がほめられる回数の圧倒的な多さを含意し、話し手が田中君がほめられる頻度に不満を持っていることも伝わります。

　このことから、(9)の週末の活動についての会話で、「勉強だけ」より「勉強ばかり」のほうが適切であることが説明できます。ある人の日常の活動が勉強以外にまったくないと想像するのは難しいですが、気をつけるといつも勉強している姿が観察されるというように、勉強に費やした時間が圧倒的に長いことを伝えられるからです。

Xダケ、Xシカ-ナイ、Xバカリは、いずれも他に同様のモノの集合がないことが含意されますが、加えてXシカ-ナイは、X以外のモノの非存在を前面に出すことで話し手がその状況に対して抱く否定的な評価を伝えられます。また、Xバカリは、とりたてられた出来事の回数の多さを伝えることで、Xへの偏りを伝えます。このように、どの排他型のとりたて助詞を使うかによって、それが導くさまざまな含意の効果を使い分けることができるのです。

【練習問題1】
　次の会話のシカ-ナイとモの違いを考えてください。
A: あ〜あ、眠い。
B: 寝られなかったの？
A: うん。五時間しか寝てない。
B: 五時間も寝たならいいじゃないか。僕なんか毎日四時間程度だよ。

【練習問題2】
　次の会話でモが何を含意するか分析してください。
A: 昨日のパーティ、どうだった？
B: 田中が来てた。山田も来てた。食べ物や飲み物もたくさんあって、おいしかったし、ジャズの生演奏もなかなかよかったよ。

【練習問題3】
　「今朝はコーヒーだけ飲みました」と「今朝はコーヒーを飲んだだけです」の違いを考えてください。
（解答例はp. 150にあります）

第5課　ハとガの話——主語か主題か

> ねらい：助詞のハとガの違いについて、情報の新旧・格助詞・とりたて助詞の観点から考えます。
>
> キーワード：主語、主題、スコープ、現象文、有題文、無題文、新情報・旧情報、対比、総記、中立叙述、無助詞

§1　主語と主題——ハとガのスコープ

　母語を問わず日本語学習者が難しいと感じるのは、助詞ハとガの使い分けです。ここでは、この二つの助詞について考えます。
　次の例で、病気なのはだれか、仕事を休むのはだれかを考えてください。

（1）　妹は怪我をしたので、仕事を休みます。
（2）　妹が怪我をしたので、仕事を休みます。

（1）では、怪我をしたのも仕事を休むのも「妹」です。それに対して、（2）では、怪我をしたのは「妹」ですが、仕事を休むのはその発話をする主体、つまり発話者（私）と解釈するのが普通でしょう。この解釈の違いは、「妹」のあとに現れるハとガによるものです。ハの解釈は、文の二つの述語「怪我をした」と「仕事を休む」の両方の述語にかかりますが、ガの解釈は直近の述語の「怪我をした」にしかかかりません。
　解釈の力が及ぶ範囲を**スコープ**（支配域）と言います。ハは文の最後までをスコープとする機能がありますが、ガのスコープは一番近い述語までしか及びません。スコープの違いはありますが、（1）のハは、「怪我をする」「仕事を休む」という二つの述語の共通の主語を示しているように見え、（2）のガは「怪我をした」という述語の**主語**を示していると理解できます。
　では、ハは主語を示すのでしょうか。次の例を見てください。

（3）　その本は買いました。

(4) 田中さんには会いませんでした。

(3)では、「買う」の対象の「本」に、(4)では、「会う」の目的の「田中さんに」にハがつき、後ろの部分がハがついたものについて何か述べています。ここから、ハは主語を示すのではなく、文の**主題**を示していると考えます。

主題を持つ文の典型は主題の性質を述べるもので、「太郎は学生だ」のような名詞述語文と、「空は青い」「花子は元気だ」のような形容詞述語文の場合が一般的です。

また、主題を持たない文もあります。これは、話し手が発話の時点で認識したことをそのまま叙述するものです。「犬が走っている」「空が青い」「雨が降っている」など、話し手が認識した眼前の現象を描写するものが多いことから**現象文**と呼ばれます。主題を持つ文を**有題文**、現象文を**無題文**と読んで区別することもあります。

また、ハは、名詞句以外にも、「あまり速くは歩けない」「その本を買ったが、読みはしなかった」のように、「速い」の中止形の「速く」や「読む」の語幹の「読み」につくハがあります。文の補語や述語の語幹など、文の成分や述語の構成要素にハをつけてとりたて、文の残りの部分でとりたてたものについて述べていると考えられます。ただし、補語の格助詞がガとヲの場合は、ガ、ヲの代わりにハが使われます。

次に、ハには**対比**の機能があるとも言われます。

(5) 田中さんは来たが、山田さんは来なかった。
(6) コーヒーは飲んだが、ケーキは食べなかった。

(5)では、「田中さんが来た」ことと「山田さんが来なかった」ことが、(6)では、「コーヒーを飲んだ」ことと「ケーキを食べなかった」ことが対比されています。二つ以上の物事を対比的に述べるときにハが使われます。

ハの二つの機能である主題と対比は、どちらもハのとりたての機能の表れだと言えます。主題は何かをとりたててそれについて述べる場合、対比は二つ以上の物事をとりたてて対照的に述べる場合です。

一方、ガには**総記**(該当するもののすべてを表す)の機能があると言われます。たとえば、何人かの集まりで「この会の主催者はだれですか」と問われた場合、「私です」のような答え方も、「私が主催者です」のように、主催者は私であって

ほかのだれでもないという答え方も可能です。後者の答え方のガが総記を表します。この「ほかでもない X」は、ガに限った機能ではありません。「コーヒーはいかがですか」という問いに、「私は紅茶をお願いします」という答えの「紅茶を」も「ほかのものではなく紅茶」という総記を表します。ただし、先の現象文のガには総記の意味がありません。これを**中立叙述**と言います。

　主題を提示する機能は、ハに特化した機能ではありません。

　　（7）　これ旅行のお土産です。召し上がってください。

(7)の「これ」のあとに何も現れませんが、何かの助詞の省略ではないことは、(8)(9)と比べるとわかります。

　　（8）　これは旅行のお土産です。
　　（9）　これが旅行のお土産です。

(8)の「これは」は「ほかはともかくこれ」という対比のニュアンスがあり、(9)の「これが」は「ほかでもないこれ」という総記のニュアンスがあります。それに対して、(7)の「これ」には対比や総記の意味は感じられません。目の前にポンと何かを差し出して聞き手の注意を喚起し、それについてコメントをする主題の提示のしかたです。これを**無助詞**(ϕ)による主題提示と考えましょう。

　文の主題を提示する形式はこのほかにもいろいろあります。ハと「無助詞(ϕ)」以外にも「田中さんなら会議室にいましたよ」「田中さんってどんな方ですか」「私だったらそんなことはしません」のように「〜ナラ」「〜ッテ」「〜ダッタラ」なども主題を提示する機能を持っています。

§2　情報の新旧とハとガ

　ハとガの違いについてもう少し考えます。次の昔話の［　］に適当な助詞を入れてください。

　　（10）　昔あるところにおじいさんとおばあさん [a.　] いました。おじいさん [b.　] 山へ柴刈りに、おばあさん [c.　] 川へ洗濯に行きました。おばあさん [d.　]

　　　　洗濯をしていると、川上から大きな桃 [e. 　] 流れてきました。

答えはそれぞれ、[a. ガ]、[b. ハ]、[c. ハ]、[d. ガ]、[e. ガ] です。母語話者はなんなく答えられますが、なぜそうかと質問されると答えに窮することがあります。ここでは、その根拠について考えます。

　まず、[a. ガ] は、「昔あるところに」で始まる話に「おじいさんとおばあさん」を初めて登場させる文の主語を表示します。つまり「おじいさんとおばあさん」は**新情報**です。一方 [b. ハ] と [c. ハ] は、初めの文で紹介した人物に再度言及するもので、「おじいさん」も「おばあさん」も**旧情報**です。話し手と聞き手の間ですでに了解済みの旧情報や常識にはハが、そうでない新情報にはガがつくと説明することができます。[e. ガ] は「桃」がこの話に初めて登場するので新情報です。[d. ガ] は 15 課で説明します。

　情報の新旧によるハとガの使い分けは、「だれが来ましたか」「何語が話せますか」とは言えても、「*だれは来ましたか」「*何語は話せますか」と言えないことを説明することができます。疑問語の「だれ」「何」は不定の要素を指す未知の情報ですから、新情報を指し示すガを使わなくてはなりません。

§3 「象は鼻が長い」の文

　一つの文にハとガが使われることがあります。有名な「**象ハ鼻ガ長い**」もその一つですが、ほかにも次のような「〜ハ〜ガ述語」の文があります。

(11)　弟はサッカーが上手だ。
(12)　兄はスポーツが得意だ。
(13)　東京は人口が多い。
(14)　田中さんは息子さんが大学生だ。
(15)　春は桜がきれいだ。
(16)　日本は富士山が有名だ。

(11)(12)では、それぞれ弟と兄を主題にし、彼らの能力が発揮される対象の分野をガで示します。このような文で使われる述語は、「できる」「わかる」「話せる」「上手だ」「下手だ」「得意だ」などの能力や可能性を表すもの、「好きだ」「嫌いだ」

などの好悪の感情を表すもので、ガはその能力や好悪の感情の対象を示しています。

　(13)(14)は、[全体ハ　部分ガ　述語]の形になっています。ハが主題を示し、主題の一部分の状態をガで示してその一部分について何かを述語で述べる文です。「人口」は「多い」の主語で、「鼻」は「長い」の主語ですが、「東京の人口が多い」「田中さんの息子さんが大学生だ」としても意味が通ることから、「Aハ」と「Bガ」のAとBには、[全体]と[部分]の関係が成り立つことが特徴です。あるものの部分の属性を記述することで、結果として全体について述べる形になっています。

　一方、(15)(16)はそれぞれ「春」と「日本」を主題にして、残りの部分でその主題について述べる文です。しかし、「象は鼻が長い」の場合と違って「#春の桜がきれいだ」「#日本の富士山が有名だ」という文にすると意味が異なってしまうことから、[全体]と[部分]の関係が成り立たないことがわかります。いずれもハが文の主題を示し、ガはあとの述語が表す属性を持つ主体を示しています。

【練習問題1】
　次の発話が自然に聞こえる文脈を考えてください。
1)　「これはおいしい」と「これがおいしい」
2)　「田中さんが学生だ」と「学生が田中さんだ」

【練習問題2】
　次のような場合にガを使って、ハを使わないのはどうしてでしょうか。
1)　(空を見て)「あ、鳥が飛んでいる」
2)　(外を見て)「あ、雨が降っている」
(解答例はp.151にあります)

コラム 2: うなぎ文

「僕はうなぎだ」という文を聞いたことがあると思います。どのような意味でしょうか。もちろん「僕＝うなぎ」という論理的同値の意味ではありません。この文が自然に発話される場面を想像してください。

一つは、鯛やひらめやうなぎなどさまざまな魚が登場する劇の配役を話している場面でしょう。配役リストを見ながら、だれがどの魚を演じるか話しているような場合です。このような状況では、「僕はうなぎだ」は「僕はうなぎの役を演じる／僕はうなぎを担当する」というような意味になります。

また、さまざまな魚が競争するゲームで、どの魚を応援するかを話しているという場面も考えられます。この状況では、「僕はうなぎだ」は「僕はうなぎを応援する／僕はうなぎに賭ける」のような意味になるでしょう。

この発話が一番自然なのは、次のようにレストランのメニューを見ながら何を注文するか話している場合でしょう。

A: 何にする？
B: 僕はうなぎにする。
A: 君はうなぎか。じゃあ、僕もうなぎだ。

この状況では、「僕はうなぎだ」は、「僕はうなぎを注文する／僕はうなぎを食べる」のような意味になります。

このような文は「うなぎ文」と呼ばれ、「うなぎだ」は「うなぎをどうするか」などの述語部分を代用していると考えます。私たちの日常会話では、このような通称「うなぎ文」がよく使われます。日常会話で「うなぎ文」の産出と理解を支えるのは、話し手と聞き手が共有する会話の場面の情報、すなわち文脈の情報です。

「ここはだれ？」「僕はどこ？」という一見おかしな発話も、文脈の支えさえあれば自然になります。たとえば、結婚式など座席が決まっているような場所を想像してください。「ええと、ここは山田さん。じゃあ、ここはだれ？」「そこは田中さん」「そうか。じゃあ、僕はどこ？」と、座席表を見ながら席順を確認しているような場合です。

「うなぎ文」の解釈には文脈が不可欠です。「うなぎ文」は日本語が文脈依存性の高い言語だからこそ成立するのだと言ってよいでしょう。

第6課　動詞述語

> ねらい：動詞述語の形態と意味による分類を考えます。自動詞、他動詞、対をなす自他動詞を取り上げ、「する」と「なる」に代表される日本語の話し手の事態の把握について考えます。
>
> キーワード：活用、母音動詞、子音動詞、不規則動詞、動態動詞、状態動詞、意志動詞、無意志動詞、移動動詞、作成動詞、着脱動詞、変化動詞、自動詞、他動詞、有対自他動詞、非対格自動詞

§1　動詞の形態的分類

　述語タイプの最後は、動詞述語です。動詞はさまざまに形を変えて、述語になったり名詞を修飾したりする機能があります。

　まず、動詞の形態から考えます。形態の分類としては、学校文法の五段動詞、一段動詞、サ行変格動詞、カ行変格動詞があります。表1の（　）の前の部分が語幹です。

表1　学校文法の動詞活用

	五段動詞	一段動詞	カ行変格動詞	サ行変格動詞
未然形	読ま（ない） 読も（う）	見（ない） 見（よう）	こない・こよう	しない・しよう
連用形	読み（ます）	見（ます）	き（ます）	し（ます）
終止形	読む	見る	くる	する
連体形	読む（とき）	見る（とき）	くる（とき）	する（とき）
仮定形	読め（ば）	見（れば）	く（れば）	す（れば）
命令形	読め	見（ろ）	こい	し（ろ）

　五段動詞は、動詞の語幹が五十音図のアイウエオの五段にわたって変わります。一段動詞は、動詞の語幹の末尾がイ段かエ段のいずれかです。母語話者なら、動詞の未然形「～ない」の形を考えて語幹がア段で終われば**五段**活用、イ段かエ段

で終われば一段活用というように覚えた経験があると思います。しかし、この分類には問題があります。

まず、語幹は語彙的意味を表す形態素で、形は変わらないはずですが、表1の五段動詞ではそうではありません。また、1課で述べたように学校文法では活用形の名称の基準に意味と機能の視点が混在しています。連体形も問題です。表によれば、終止形と連体形は同じ形ですから連体形の根拠がわかりません。連体形を名詞を修飾する形と考えるなら、「読む本・読まない本・読んだ本・読まなかった本」のように動詞の言い切りの形ならどれでもいいはずです。

また、日本語教育から考えると、この分類は日本語学習のはじめの段階では意味をなしません。母語話者と違って、学習者は動詞の形を一つずつ学習しますから、基本学習が終わるまで活用表の全体像は完成しません。一般的には、「読みます」→「読む」→「読まない」→「読んで」→「読んだ」→「読んだら」→…などと進むので、未然形から動詞の種類を判断するという操作は無理なのです。

そこで、日本語教育では、動詞の形態素を分析し、語幹の形で動詞を分類します。語幹は動詞をローマ字表記にするとわかります。たとえば、「読む」という動詞の活用形をローマ字表記にすると、「読む」「読まない」「読もう」「読め」は yomu / yomanai / yomoo / yome となり、すべてに共通の部分は yom という形態素だとわかります。yom が「読む」という語彙の意味を表す語幹で、それ以外の -u / -ana-i / -oo / -e は、それぞれ「肯定/否定/意向/命令」を表す形態素です。「見る」は mi-ru / mi-na-i / mi-yoo / mi-ro、「食べる」は tabe-ru / tabe-na-i / tabe-yoo / tabe-ro です。

このように分析すると、五段動詞は語幹が子音で終わる動詞、一段動詞は語幹が i か e で終わる動詞になります。前者を**子音動詞**、後者を**母音動詞**と名づけます（日本語教育では、子音、母音の代わりに、Ⅰ類、Ⅱ類などの名称を使うこともあります）。子音動詞の語幹の子音は [-s（話す）、-t（待つ）、-r（乗る）、-b（遊ぶ）、-m（読む）、-n（死ぬ）、-k（書く）、-g（泳ぐ）] に [-w（買う）] を加えた九種類です。母音動詞は、[-i（見る）] と [-e（食べる）] の二種類です。「来る」と「する」は**不規則動詞**とします。動詞は、語彙的意味を持つ語幹に否定・受身・使役・可能など、文中での動詞の機能を表すさまざまな形態素が付加して活用する品詞で、表2のような活用表になります。学校文法の活用表との違いを確認してください。動詞の受け身や使役の形態素は母音で終わるので、受け身形と使役形は、動詞の語幹の種類にかかわらず母音動詞型になることもわかります。

表2　日本語教育の動詞活用

	子音動詞 読む	母音動詞 食べる	不規則動詞 来る	不規則動詞 する
辞書形	yom-u	tabe-ru	ku-ru	su-ru
中止形	yom-i	tabe	ki	si
テ形	yon-de	tabe -te	ki-te	si-te
タ形	yon-da	tabe -ta	ki-ta	si-ta
タラ形	yon-dara	tabe -tara	ki-tara	si-tara
タリ形	yon-dari	tabe -tari	ki-tari	si-tari
ナイ形	yom-ana-i	tabe -na-i	ko-na-i	si-na-i
命令形	yom-e	tabe -ro	ko-i	si-ro
受身形	yom-are-ru	tabe-rare-ru	ko-rare-ru	sare-ru
使役形	yom-ase-ru	tabe-sase-ru	ko-sase-ru	sase-ru
可能形	yom-e-ru	tabe-rare-ru	ko-rare-ru	(deki-ru)
バ形	yom-eba	tabe-reba	ku-reba	su-reba
意向形	yom-oo	tabe-yoo	ko-yoo	si-yoo

§2　動詞の意味的分類

　動詞を「動きを表す語」と定義するのは正確ではありません。「姉は居間にいる」とか「兄は英語がわかる」など動詞が動きを表さない文もあるからです。
　まず、動詞はそれが表す事態が動きや変化か状態かで分類できます。動きや変化を表す動詞は**動態動詞**と呼ばれ「動く」「食べる」「書く」「話す」など、多数あります。動態動詞は出来事を表します。これに対して、状態を表す動詞は**状態動詞**と呼ばれます。状態動詞は、物事の性質や属性を表します。たとえば、「ある」「いる」「わかる」「できる」などは、何かの存在やだれか・何かに備わった能力などを表します。
　動態動詞は、「動く」「歩く」などの主体自体の動きや変化を表すものと、「壊す」「食べる」「読む」のように主体が何かに働きかける様子を表すものに分けられます。前者を**自動詞**、後者を**他動詞**と呼びます。自動詞と他動詞を見分ける簡単な方法は、対象の意味役割のヲ格補語を必須補語とするかどうかを見ることです。たとえば、「壊す」「食べる」「飲む」は「パソコンを壊す」「パスタを食べる」「コーヒーを飲む」となるので他動詞です。一方、自動詞は、動きや変化の主体

を表すガ格補語は必須補語ですが、対象を表すヲ格補語は必須ではありません。ただし、「行く」や「通る」は「この道を行く」「このルートを通る」のようにヲ格補語をとりますが、その意味役割は移動の経路を表すだけで必須ではないので、「行く」「通る」は他動詞ではありません。

　また、主体が意志でコントロールできる変化・動きかどうかによって分類することもできます。**意志動詞**はコントロールが可能な変化・動きで、「歩く」「食べる」「書く」などがあります。**無意志動詞**は、「疲れる」「古びる」などでコントロールができません。意志動詞・無意志動詞を見分ける簡単な方法は、依頼や願望の形にしてみることです。「歩いてください」「もっと食べたい」は可能ですが、「*疲れてください」「*古びたい」と言うことはできません。依頼や願望にできるのは意志動詞です。

　一つの動詞が意志動詞としても無意志動詞としても使われるような場合があるでしょうか。たとえば「あ、財布を忘れた」の「忘れる」は無意志動詞ですが、「こんな経験は一日も早く忘れてください／忘れたい」と言うこともできますから、意志動詞のようにも見えます。しかし、意志動詞とするには問題がありそうです。願望や依頼の形はとっていても、話し手が「いやな経験を忘れる」という事態になることを希求していることであって、そのような事態を意志でコントロールできるとは限らないからです。

　このほかにも、「行く」「来る」などの主体の移動を表す**移動動詞**、「作る」「建てる」「書く」などの対象が主体による働きかけの結果と解釈できる**作成動詞**、「着る」「はく」「脱ぐ」などの主体が対象を身に着けることを表す**着脱動詞**、「変わる」「太る」「やせる」などの物事の変化を表す**変化動詞**といった分類もあります。これらの動詞の分類は、基本的にそれが表す出来事や事態の性質によって決まります。

§3　対を成す自動詞と他動詞——スルとナル

　不注意でコップを割ったとき、「コップが割れた」と言いますか。「コップを割った」と言いますか。「コップが割れる」は自動詞、「コップを割る」は他動詞です。日本語には、このように形態的な共通点を持った自動詞と他動詞の対が多数あります。たとえば、「電気がつく」と「電気をつける」、「テレビが消える」と「テレビを消す」、「窓が開く」と「窓を開ける」などです。「ware-ru 対

war-u」「tuke-ru 対 tuk-u」「kie-ru 対 kes-u」「ake-ru 対 ak-u」のように形態に共通の部分が観察されます。

　このような動詞を**有対自他動詞**と呼びます。日本語学では、有対自他動詞の研究は歴史が古く、さまざまな見解があります。

　他動詞と対を成す自動詞は、「歩く」「起きる」「考える」などの主体の意志でコントロールできる自動詞とは異なります。たとえば「ドア<u>が</u>閉まった」の場合、ドアは意志を持って自ら意図的に変化した主体ではなく、外部からの何らか刺激や働きかけを受けて変化した対象と考えたほうが自然です。「だれか・何かがドア<u>を</u>閉めた」から「ドア<u>が</u>閉まった」と考えると、この二つの文で「ドア」が担う意味役割はどちらも働きかけの対象です。通常ヲ格（対格）をとるべき対象がガ格で現れることから、近年の研究では、このような自動詞を**非対格自動詞**と呼んで他の自動詞と区別します。

　有対自他動詞は、同じ事態について他動詞を使うと「だれかガ何かヲ**どうスル**か」を表し、非対格自動詞を使うと「何かガ**どうナル**か」を表すことになります。同じ事態についての二通りの表し方のどちらを使うかは、話し手がその事態をどう捉えているかによります。「皿を割った」なら、話し手は自身が皿に働きかけて皿の形を変えたことを表し、その事態に責任を感じていることが伝わります。一方、「皿が割れた」と言う話し手は、自分の働きかけを不問にし、どのような事態が出来（しゅったい）したかだけを述べています。ですから、割ったことへの責任は明示されず、聞き手から「自分で割っておいて無責任な」などの反感を買うことにもなりかねません。引き起こした側から事態を捉えるか、出来した事態のみを捉えるかの違いです。

　もちろん、動作主が特定できないような場合には、非対格自動詞は、知らないうちにそんな事態になっていた、気がついたらその事態だったということを表せる便利な表現形式です。

　日本語教育の現場では、この有対自他動詞が学習のハードルになります。特に英語のように「壊れる」も「壊す」もbreakで済む言語を母語にする学習者には、話し手による事態の把握の表し分けが難しく感じられるようです。このことについては、13課で再び取り上げます。

【練習問題 1】
　「行く」は語幹が -k で終わる子音動詞ですが、すこし例外的です。他の動詞とどこが違うでしょうか。

【練習問題 2】
　「買う」を子音動詞にするのはどうしてでしょうか。

【練習問題 3】
　本課で扱っていない有対自他動詞を五対あげてください。

【練習問題 4】
　「開く」という動詞は自動詞としても他動詞としても使われます。ほかにもこのような動詞がありますか。
（解答例は p. 151 にあります）

第7課　ヴォイス1──受け身

> ねらい: ある事態をどのように捉えて伝えるかは、話し手の視点に依存します。日本語の受け身文の特徴を理解し、スルとサレルが表す話し手の事態の捉え方の違いを考えます。
> キーワード: 能動文、受動文、受け身、主観、視点、共感

§1　能動文と受動文: 直接受け身と話し手の視点

　太郎が次郎を殴った現場に居合わせたとします。この事態をだれかに報告する場合、「太郎が次郎を殴った」と言いますか。「次郎が太郎に殴られた」と言いますか。

　どちらも同じ客観的事態を表していますが、どちらを使うかは話し手の立場によります。太郎の行為は不当だとして次郎に同情したら「次郎が太郎に殴られた」と言うのではないでしょうか。このように、ある事態をそれを引き起こした側から描写するか、その事態を受ける側から描写するかなどの出来事の捉え方を示す文法範疇をヴォイスと呼びます。能動と受動は典型的なヴォイスです。**能動文**は出来事の「だれが何をしたか」に注目し、**受動文**は出来事の「だれに何が起こったか」に注目します。また、話し手がだれの側から描写するかを話し手の視点と言います。

　「AがBを殴った」のように殴った主体Aをガ格主語にして、殴った側に視点を置いて表す文を能動文、「BがAに殴られた」のようにAの行為の対象Bをガ格にして影響をこうむった側に視点を置いて表す文が受動文です。日本語の受動文は、動詞の語幹に受け身の形態素 -(r)are- がついた受け身形を述語に用います。動詞の**受け身**形は次のように作ります。

（1）　子音動詞　　語幹 ＋ are-(ru)
　　　母音動詞　　語幹 ＋ rare-(ru)
　　　不規則動詞　suru → sare-(ru)　　kuru → korare-(ru)

日本語の受動文は、大きく直接受け身と間接受け身に分けられます。「次郎が太郎に殴られた」は直接受け身で、行為をした者とその影響をこうむった者で成り立つ出来事を、出来事の影響を与えた側でなく影響をこうむった側から描写しています。直接受け身は出来事が対象に与えた影響を表します。描写される事態には動作主と対象の二者が関わり、動詞は他動詞に限ります。能動文と直接受け身の受動文は、基本的に(2)と(3)のような対応関係にあります。

（２）　能動文　　：　Ａガ　Ｂヲ　他動詞　　　：　Ａの視点からの描写

（３）　直接受け身：　Ｂガ　Ａニ　他動詞の受身形：　Ｂの視点からの描写

　どのようなときに影響をこうむったＢの側の視点をとるかを考えるには、共感（Empathy）という概念が有効です。**共感**とは、話し手が出来事の登場人物の中のだれかに親近感を持つことです。話し手は共感度（共感の程度）を手がかりに、事態を捉える"カメラ"をどこに置くか、つまり話し手の**視点**を決めます。通常の文は主語に視点があります。

　登場人物への話し手の親近感の度合いは同じとは限りません。たとえば、「弟」と「見知らぬ人」では、話し手は「弟」により親近感を持つはずですから、弟と見知らぬ人の間の出来事は、弟の視点寄りに捉えるのが普通です。弟が殴り手で、知らない人が影響を受けた場合は、「弟が知らない人を殴った」として問題はありません。反対に、知らない人が殴ったほうで、弟がその影響を受けた場合はどうでしょうか。「#知らない人が弟を殴った」ではなく「弟が知らない人に殴られた」と言うほうが自然です。話し手は、より親しみを感じる弟の視点から出来事を描こうとします。また、「#知らない人が弟に殴られた」は、話し手の弟への共感度と文の主語である「知らない人」へ視点が置かれているので、結果として不適切になります。

　このように、話し手の視点は、事態の登場人物のだれにより共感を覚えるかに依存します。共感度に関しては、「話し手自身（＝私）＞話し手の親族や友人＞第三者＞無生物」というような序列があります。話し手自身が影響を受けた当事者として出来事に参与する場合は、自身への共感度は一番高く、自身を主語にして受け身を使うことになります。

　直接受け身は、影響の与え手が特定できない場合や特にそれを明示する必要がない場合に(4)(5)のように「Ａニ」を言語化しないで使われます。

（4）　現在、日本語は世界各地で教えられている。
（5）　そのミュージカルは日本でも上演された。

特定できない、あるいは特定する必要がない動作主に対する話し手の共感度が低いのは当然でしょう。

§2　間接受け身と受影性

　仕事の締め切り間際に、あてにしていた同僚から病気で会社を休むという連絡があったら「こんなときに休まれては困る」と応じたくなります。この発話の下線部分は受け身形です。「休む」は自動詞で「*同僚が私を休む」と言うことはできませんから、この受け身は直接受け身ではありません。このような受け身を間接受け身と呼びます。直接受け身は世界の言語に一般的に見られるヴォイスですから日本語教育でもあまり問題を生じませんが、間接受け身はその限りではありません。

（6）　せっかくの旅行が、雨に降られて散々だった。
（7）　夕べ子供に泣かれて眠れなかった。
（8）　ペットに死なれて元気がない。
（9）　レストランで隣の客にタバコを吸われて食事がまずくなった。

（6）から（9）は間接受け身です。（9）の「吸う」は他動詞ですが、（6）から（8）の「降る」「泣く」「死ぬ」は自動詞です。日本語では自動詞も受け身になることが日本語学習上の難しさです。
　間接受け身が表す事態は、どのようなものでしょうか。（6）から（9）について考えてみましょう。

（6′）　旅行中に雨が降ったことからだれかが影響をこうむった。
（7′）　子供が泣いたことが影響してだれかが眠れなくなった。
（8′）　ペットが死んだことが精神的に影響してだれかが元気をなくした。
（9′）　レストランで隣に居合わせた客がタバコを吸ったことが影響してだれかが食事を楽しめなかった。

(6)から(9)はいずれもある出来事が起こった結果、その出来事の外にいる者が影響をこうむったと解釈できます。影響をこうむった者は原因となった出来事の外にいるわけです。ある出来事がその出来事の外にいる者に間接的に影響を与えた場合に、影響をこうむった側の視点からその事態を描くのが間接受け身です。

間接受け身には、通常強い受影性が感じられ、出来事の外にいる者にとってその出来事は迷惑だ、不愉快だということが含意されます。間接受け身文は、話し手がある出来事を出来事の外にいるだれかの立場から考えて迷惑な出来事だと把握したことを表す構文です。(10)のように図示できます。

(10) 間接受け身：　被害者 ← 影響 ━ 出来事

直接受け身は、対応する能動文も受動文も補語の数は同じですが、間接受け身は、「出来事に登場する要素＋出来事の外の要素」となり、補語が一つ増えることが構文的な特徴です。直接受け身も間接受け身もある出来事から影響をこうむった側からの描写だという点は共通ですが、直接受け身では影響をこうむった者は出来事の中に、間接受け身では出来事の外にいるという点に違いがあります。間接受け身は出来事の外のいわば第三者が主語になる点が日本語学習における難しさです。

§3 「持ち主の受け身」

学習者の発話には、「# 私の財布が盗まれました」「# 私の足が踏まれました」のような不自然なものが時に観察されます。母語話者なら、「財布を盗まれました」「足を踏まれました」のように受動文を使うところです。このような受動文は「所有者受け身」とか「持ち主の受け身」と呼ばれます。(11)から(15)は「持ち主の受け身」の例です。

(11) 満員電車でだれかに足を踏まれて背中を押された。
(12) 兄がだれかに財布を盗まれた。
(13) 妹がだれかに車を壊された。
(14) 太郎が通りすがりの男に頭を殴られた。
(15) 山田が子供を誘拐された。

これらを直接受け身文と比べてみましょう。まず、それぞれの出来事を表す能動文が可能かどうか考えます。

(11′) だれかが私の足を踏み、私の背中を押した。
(12′) だれかが兄の財布を盗んだ。
(13′) だれかが妹の車を壊した。
(14′) 通りすがりの男が太郎の頭を殴った。
(15′) だれかが山田の子供を誘拐した。

このように、[A ガ [B の C] ヲ 他動詞]の形の他動詞文が可能です。B と C の関係は、足、背中、頭など、だれかの身体の一部分のように切り離すことが不可能（分離不可能）なものから、車や財布など持ち主と持ち物のように分離可能なものまでさまざまです。

　これらを直接受け身にすると、分離可能な関係の他動詞文は、「兄の財布が盗まれた」「妹の車が壊された」「山田の子供が誘拐された」となりますが、分離不可能な関係の他動詞文は「# 私の足が踏まれた」「# 太郎の頭が殴られた」のように容認度が低くなります。

　直接受け身文では「妹の車がだれかに壊された」「山田の子供が誘拐された」のように影響を受けた対象がガ格で表されるはずですが、「車を壊された」「足を踏まれた」ではヲ格ですから、直接受け身文ではありません。

　また、持ち主の受け身文が間接受け身文とも異なることは、出来事に登場する要素の数と受け身文の要素の数に増減がないことからわかります。持ち主の受け身は、いわば直接受け身と間接受け身の中間に位置します。出来事から影響をこうむった者の部分だけが出来事の中にあり、その者自身は出来事の外にいるというような構図になります。持ち主の受け身文は、[A ガ [B の C] ヲ 他動詞]が表す事態について、話し手が持ち主の B に共感し、事態を B の視点から捉え、B が C を通して直接的・間接的にこうむった影響を表す構文で、日本語を教える際には注意が必要です。

　日本語の受け身文は、直接受け身、間接受け身、持ち主の受け身を問わずいずれも話し手がある出来事から直接・間接に影響をこうむった者に共感し、その者の視点から出来事を捉え描写するもので、話し手の**主観**的な事態の捉え方の表れです。

【練習問題1】
　次のような学習者の誤用の問題を解説してください。
1)　*先生が私をほめて、うれしかったです。
2)　*友達が私のパソコンを壊して、とても困りました。

【練習問題2】
　次の例のように、直接受け身の動作主の表示は、ニ格以外に、「ニヨッテ」「カラ」が可能な場合があります。「ニヨッテ」「カラ」が適切なのはどのような場合か動詞の意味から考えてください。
1)　「こころ」は、夏目漱石 {*に / によって / *から} 書かれた。
2)　このビルは、有名な建築家 {*に / によって / *から} 建てられた。
3)　太郎は、家族みんな {に / *によって / から} 愛されている。

【練習問題3】
　ヲ格であっても直接受け身の主語になれないものや、ヲ格でなくても直接受け身になれるものがあります。次の例から考えてください。
1)　子供がバスを降りた。→　*バスが子供に降りられた。
2)　田中が手を洗った。→　*手が田中に洗われた。
3)　犬が子供にとびついた。→　子供が犬にとびつかれた。

【練習問題4】
　次の対をなす動詞を使って文を作り、二つの動詞の意味の関係を考えてください。
「貸す / 借りる」「預ける / 預かる」「売る / 買う」「教える / 教わる」

【練習問題5】
　次の受け身文で「自分」はだれのことと解釈されますか。解釈の違いがあれば、その理由を考えてください。
1)　田中は弟に自分の部屋で殴られた。
2)　田中は弟に自分の部屋で泣かれた。
（解答例は p.151 にあります）

第8課　ヴォイス2──使役

> ねらい：使役も出来事の捉え方（ヴォイス）の一つです。使役の意味と意味役割を表示する助詞を中心に使役構文の特徴を整理します。
> キーワード：使役文、使役、動作の主体（動作主）、働きかける者（使役者）、強制、指示、許可、容認、傍観、無生物主語、使役受け身、使役動詞

§1　使役文

　両親に言われて子供が勉強した場合に、「親が子供に勉強させた」と言います。これは、「子供が勉強した」ことを、そのように命令・指示した親の立場から捉えて描く文で、**使役文**と言います。**使役**もヴォイスです。

　「子供が勉強した」という能動文と「親が子供に勉強させた」という使役文では、どちらも勉強するという**動作の主体**は子供です。使役文が描く事態には、この**動作主**のほかに、動作主に**働きかける者**（親）が存在します。使役が描く事態は、実際の動きや変化をする者（動作主）とその動きや変化を仕向ける者（**使役者**）がいて、［使役者ガ［動作主ガ～スル］ヨウニスル］という意味の構造になります。上の例で言うと［親が［子供が勉強する］ようにする］です。「スルヨウニスル」が、動詞の語幹に使役の形態素 -sase- がついた使役形で言語化されます。使役形は、次のように作ります。

（1）　子音動詞　　　語幹 + ase-(ru)
　　　母音動詞　　　語幹 + sase-(ru)
　　　不規則動詞　suru → sase-(ru)　　kuru → kosase-(ru)

　使役文は、出来事の外に、出来事の登場人物以外が存在し、その存在が出来事を引き起こしたと考えますから、出来事の登場人物プラス1となり（2）のように表すことができます。

（2）　使役文：　使役者 ■ 働きかけ ➡ 出来事

また、使役が表す事態の構図は間接受け身が表す事態の構図（(3) = 7課の(10)）と似ています。

（3）　間接受け身：　被害者 ← 影響 ― 出来事

使役文も間接受け身文も、「出来事に登場する要素＋出来事の外の要素」からなり、出来事の外の要素が文の主語になります。違いは、使役文の主語は出来事を引き起こす存在、間接受け身の主語は出来事から影響をこうむる存在だという点です。

使役文の主語（使役者）はガ格で表示されますが、出来事の動作主の格表示は、出来事の述語が自動詞か他動詞かで異なります。自動詞の場合は、「親が子供を遊ばせる」と「親が子供に遊ばせる」のように、動作主はヲ格もニ格も可能です。他動詞の場合は「*親が子供を本を読ませる」ではなく、「親が子供に本を読ませる」と言い、ニ格表示しか可能ではありません。これは次の(4)と(5)のようにまとめられます。

（4）　使役者ガ　動作主ヲ・ニ　　自動詞の使役形
（5）　使役者ガ　動作主ニ　　　　他動詞の使役形

デ格やニ格補語は「東京で大学にバスで通った」や「三時に駅に集合してください」のように一つの文に二つ以上現れますが、他動詞の使役文の場合に動作主が常にニ格で表示されるのは、ヲ格は原則的に一つしか使えないという制約があるからです。

§2　使役の意味

使役の意味を考えます。「子供が塾へ行く」という自動詞の出来事を親を使役主（主語）にした使役文にすると、「親が子供を塾へ行かせた」「親が子供に塾へ行かせた」の両方が可能です。しかし、意味は異なります。その違いは、文脈を補うとわかります。子供が塾へ行きたくない場合は、「親が（嫌がる）子供 {を / *に} 塾へ行かせた」となり、子供が塾で受験勉強をすることを希望していたら、「親が子供 {*を / に}（子供の希望通り）塾へ行かせた」となります。ヲ格使役は**強制**

または**指示**を、ニ格使役は**許可**または**容認**を意味していると解釈されます。
　他動詞の場合は、先に述べたようにニ格表示しかないので、使役の意味解釈は文脈を補うことで判断します。

（６）　子供にピアノを弾かせた。

(6) は、ピアノの練習をサボりたい子供なら「ピアノの練習をしなさい」という強制または指示と解釈でき、ピアノが大好きで何時間でも弾いている子供なら「ピアノを弾いてもよい」という許可あるいは容認と解釈できます。

（７）　親が子供に教科書を読ませた。
（８）　親が子供に漫画を読ませた。

(7)と(8)では、「教科書」と「漫画」という文中の語の解釈が使役の意味を支えます。常識から判断して、(7)の「教科書を読ませた」は強制または指示、(8)の「漫画を読ませた」は許可でしょう。このように使役の意味解釈は、文中の語を含めて広く文脈に依存します。
　ここで動作主について考えます。

（９）　先生は塀にはしごを立てた。
（10）　*先生は塀にはしごを立たせた。
（11）　*先生は生徒を立てた。
（12）　先生は生徒を立たせた。

(9)と(10)、(11)と(12)を比べてください。「立てる」は他動詞、「立たせる」は自動詞「立つ」の使役形です。使役者は「先生」で同じですが、動作主が「はしご」のように意志を持たない無生物の場合は使役ではなく他動詞を、反対に動作主が意志を持った有情物の場合は他動詞ではなく使役を使います。他動詞の働きかけと使役の働きかけが異なることがわかります。他動詞は対象への直接的な働きかけですが、使役は指示や命令などの働きかけで、意志を持たない者は指示や命令の対象になりません。
　ただし、(13)(14)のように動作主が無生物でも使役文になる場合があります。

（13）　冷凍庫でジュースを凍らせた。

(14)　買いすぎて、野菜を腐らせた。

(13)(14)の代わりに「*ジュースに凍らせた」「*野菜に腐らせた」とは言えません。「凍る」「腐る」は無意志動詞の非対格自動詞です。動作主はヲ格ですが、この場合の使役は指示にも強制にも解釈できません。使役者は無意志動詞が表す変化が起こるのを防げなかったという意味で、**傍観**と解釈されます。

　以上のように、使役は、文脈や動作主の意志性、動詞の意志性などにより、使役者が動作主に働きかける強制、指示、許可、容認と、出来事の出来(しゅったい)に働きかけない傍観という、一見矛盾する意味に解釈されるのです。

§3　使役の周辺――無生物主語と使役受け身

　日本語では、「地震が老朽化した建物を壊した」「台風が畑を荒らした」のような無生物をガ格主語にした他動詞文と、その受け身文の「老朽化した建物が地震によって壊された」や「畑が台風によって荒らされた」は、小説や新聞の書き言葉には現れても、日常の話し言葉では使われません。

　話し言葉では、「地震」や「台風」などの意志を持たない無生物を表す名詞句は他動詞文や使役文の主語になりにくいのです。その代わり「地震」や「台風」を出来事の原因・理由として、その意味役割を表示する格助詞デを用いた自動詞文にします。「地震で老朽化した建物が壊れた」「台風で畑が荒れた」などとなります。**無生物主語**が問題なく使われる言語を母語にする学習者には「*風ガ窓ヲ開けた」などの誤用が見られますが、その原因はここにあります。

　「楽しむ」「喜ぶ」「悲しむ」など、だれかの感情を表す動詞の場合は別です。

(15)　孫の合格が祖父母を喜ばせた。
(16)　ペットの死が太郎を悲しませた。
(17)　事業の失敗が家族を困らせた。

(15)から(17)のように無生物名詞句を「祖父母が喜ぶ」「太郎が悲しむ」「家族が困る」という事態を引き起こした原因として使役文の主語とすることができます。この場合、ヲ格補語の「祖父母」「太郎」「家族」は、動作主ではなく動詞が表す感情の経験主と解釈されます。

また、日本語教育では、受け身と使役を学習した段階でこの二つの組み合わせ、つまり**使役受け身**も学習項目になります。使役受け身形は、次のように作ります。

（18）　子音動詞　　語幹 ＋ ase-rare-(ru)
　　　　母音動詞　　語幹 ＋ sase-rare-(ru)
　　　　不規則動詞　suru → sase-rare-(ru)　kuru → kosase-rare-(ru)

使役受け身文の例は、「太郎は母親にニンジンを食べさせられた」「太郎は両親に塾に行かせられた」「太郎は先生に本を読ませられた」「太郎は先生に漢字を書かせられた」「太郎は教室を掃除させられた」「太郎は午前六時に学校に来させられた」などで、主語の迷惑な気持ちが伝わります。

ただし、「食べる」のような母音動詞と不規則動詞の使役受け身文は問題ありませんが、子音動詞の使役受け身文は不自然に感じられます。話し言葉では、「行かせられた」の代わりに「行かされた」、「読ませられた」の代わりに「読まされた」、「書かせられた」の代わりに「書かされた」と言うほうが自然です。

「書かせられる」と「書かされる」は、前者が「書く」の使役受け身形で、後者は使役の意味を内包した「書かす」という他動詞（**使役動詞**）の受け身形です。話し言葉では、通常、子音動詞の使役受け身形ではなく、使役動詞の受け身形が使われます。ただし、「書かす」は、「書かされる」以外に「*弟に漢字を書かした」「*弟に漢字を書かしたい」「*弟に漢字を書かそう」などの形で使われることはなく、使役受け身の指導の際には注意が必要です。

【練習問題 1】
　次の 1) と 2) の違いを文の構造と意味の観点から分析してください。
1)　彼は、事故で親友を死なせた。
2)　彼は、事故で親友に死なれた。

【練習問題 2】
　次の文の文法性の違いを説明してください。
1)　監督は、テーブルを舞台から降ろした。/ *降りさせた。
2)　監督は、子役を舞台から降ろした / 降りさせた。
（解答例は p. 153 にあります）

コラム3: 所有者主語の使役文の話

　意志を持たない主体の変化に使役文を使う場合がもう一つあります。「所有者主語の使役」と呼ばれるもので、「太郎は外の物音に耳を澄ませた」「彼女は風に{髪・スカーフ}をなびかせた」「子供は誕生日プレゼントに目を輝かせた」などがその例です。それぞれ、使役者は「太郎」「彼女」「子供」、動詞は「澄む」「なびく」「輝く」という非対格自動詞で、変化の主体はヲ格で示されています。

　このような使役文の出来事(変化)には「彼女の髪がなびく」「子供の目が輝く」などのように「AのBが自動詞」の形にできるものもあります。使役者と動作主の関係は、だれかとその身体部位、所有者と所有物、全体と部分で、使役者が自身の一部に働きかける関係になります。このような関係の働きかけを再帰と言います。

　使役者と動作主が再帰関係にある使役文は「所有者主語の使役」と呼ばれます。所有者主語の使役は、使役者の身体的あるいは心理的な状態を描写するために使われます。

第9課　ヴォイス3――授受

> ねらい：授受表現は、モノの授受だけでなく恩恵の授受も表します。同じ事態を与え手の視点や受け手の視点から表し分ける点でヴォイス（事態の捉え方）と考えます。
> キーワード：授受動詞、共感度、視点、恩恵の授受、話し手の主観、アゲル、テアゲル、モラウ、テモラウ、クレル、テクレル

§1　モノの授受――アゲル、クレル、モラウ

「あげる」「くれる」「もらう」という動詞は、いずれもモノの授受を表す動詞で**授受動詞**と呼ばれます。授受動詞文は同じ事態をさまざまに表し分けるという点でヴォイスと考えます。ただし、授受動詞には、「やる」や「さしあげる」「いただく」「くださる」などの敬語動詞もあり、対人関係に配慮した使い分けが必要です。この課では、敬語などの待遇表現には触れず、**アゲル**、**クレル**、**モラウ**について考えます。なお、待遇表現は23課で扱います。

日本語学習者には「*友達が私を手伝ってあげました」「*友達が私に本をもらいました」などの誤用が見られます。この誤用の原因を探るために、まず、「与える」の意味の動詞のアゲルとクレルについて考えます。アゲルもクレルも［A（＝与え手）がB（＝受け手）にCをアゲル・クレル］の形をとります、与え手はモノの移動の出発点、受け手はモノの移動の到着点と考えることもできます。アゲルとクレルの使い方は、与え手と受け手によって次のように異なります。

（1）　アゲル：　私が田中に本をあげた。　*田中が私に本をあげた。
　　　　　　　　*田中が私の妹に本をあげた。　私の妹が田中に本をあげた。
　　　　　　　　田中が山田に本をあげた。
（2）　クレル：　*私が田中に本をくれた。　田中が私に本をくれた。
　　　　　　　　田中が私の妹に本をくれた。　*私の妹が田中に本をくれた。
　　　　　　　　*田中が山田に本をくれた。

アゲルとクレルは、話し手(私)や話し手の身内(妹)が関わるやりとりでは、ちょうど能動文と受動文のように振舞うことがわかります。

これを、7課の受け身のところで紹介した話し手の**共感度**の序列(話し手自身(=私)＞話し手の親族や友人＞第三者＞無生物)で考えると、アゲルは与え手を表すガ格主語に**視点**を置く動詞です。一方、クレルは受け手を表すニ格補語寄りの視点をとる動詞です。他動詞文は通常主語に視点が置かれますから、学習者にとってアゲルは理解しやすいはずですが、クレルは受け手に視点を置く他動詞で、特殊です。「与える」動詞でモノの授受を言い表すのに、話し手は与え手と受け手それぞれに対する心理的距離(=共感度)に基づいて動詞を選択するのですが、この動詞選択の判断は学習者にとって難しいことです。

次に「受け取る」動詞のモラウを考えます。モラウは、[A (=受け手)がB (=与え手)にCをもらう]、あるいは[A (=受け手)がB (=モノの出所)からCをもらう]の形をとります。

(3) モラウ: 私が 田中に本をもらった。
　　　　　＊田中が 私に 本をもらった。
　　　　　私の妹が 山田に本をもらった。
　　　　　＊山田が 私の妹に 本をもらった。
　　　　　山田が田中に本をもらった。

視点と関連させて考えてみましょう。モラウは、話し手(私)や話し手の身内(妹)を与え手(モノの移動の出発点)にすることができません。モラウ文では話し手の視点はガ格主語にあることがわかります。以上をまとめると次の表のようになります。

表1　授受動詞と視点

	ガ格主語	ニ格補語	共感度 ⇒ 視点
アゲル	与え手	受け手	与え手＞受け手
クレル	与え手	受け手	受け手＞与え手
モラウ	受け手	与え手	受け手＞与え手

アゲルは与え手の視点、モラウは受け手の視点で、二つの関係は、能動文(影響の与え手の視点)と直接受け身文(影響の受け手の視点)の関係に似ています。ア

ゲルに直接受け身文がないこともこの理由によります。また、クレルの特殊性は、文の主語がアゲル同様に与え手で、視点がモラウと同様に受け手だという点です。冒頭のような学習者の誤用には、授受動詞文の構造と視点制約が関わっています。クレルのような「与える」動詞を持つ言語は珍しく、クレルを教える際には注意が必要です。

§2 恩恵の授受――テアゲル、テクレル、テモラウ

　授受動詞は、§1で取り上げた述語の本動詞としてだけでなく、動詞のテ形に後続して補助動詞としても使われます。ここでは**テアゲル、テクレル、テモラウ**と表します。授受動詞の補助動詞には、モノの授受ではなく、**恩恵の授受**を表す機能があり、次の例のように、基本的に本動詞の場合と同じ視点制約がかかります。

（4）　友達が私に中国語を教え{てくれた / *てあげた}。
　　　私が友達に日本語を教えて{*てくれた / てあげた}。
　　　私が友達に手伝ってもらった / *友達が私に手伝ってもらった。

授受動詞の本動詞としての使用との基本的な違いは、授受の対象が物理的なモノではないことです。補助動詞としての授受動詞文は、話し手が、与え手による何らかの行為を受け手にとってありがたいもの・利益・恩恵だと捉えたことを表すもので、恩恵の授受文と呼ばれます。
　恩恵の授受文では、恩恵の受け手をニ格と「〜ノタメニ」で表示します。

（5）　太郎は次郎に本を読んであげた。
　　　太郎は次郎に手紙を書いてあげた。
　　　太郎は次郎に昔話をしてあげた。
　　　太郎は次郎{*に / のために}買い物に行ってあげた
　　　太郎は次郎{*に / のために}部屋を掃除してあげた。

いつニが使えるかいつノタメニにするかは、動詞によって決まります。「〜が〜に本を読む」「〜が〜に手紙を書く」「〜が〜に昔話をする」のように行為を表す動詞が基本的に到達点・目的を表すニ格補語をとることができる場合には、その

到達点を「次郎に」のようにニ格で表します。一方「買い物に行く」「部屋を掃除する」などは到達点や目標のニ格補語をとらないので、恩恵の受け手はノタメニで表します。クレルの場合も基本的に同じですが、普通恩恵の受け手が話し手自身のときは「私ニ／私ノタメニ」は言いません。クレルが［受け手＝私］を含意するからです。ただし、特に話し手の利益を強調したい場合はその限りではありません。

（6）　太郎が本を読んでくれた／太郎が妹に本を読んでくれた
（7）　太郎が買い物に行ってくれた／姉のために太郎が買い物に行ってくれた

モラウは解釈が二通りあると言われます。だれかが自主的にした行為から受けた恩恵を表す場合と、依頼した行為に対して行為者への感謝の念を表す場合です。このことを奨学金の推薦状を例に考えましょう。

（8）　田中さんが推薦状を書いてくれた。
（9）　田中さんに推薦状を書いてもらった。

(8)も(9)も可能です。(8)は田中さんの側の自主的な行為への恩恵の念を、(9)はあらかじめ田中さんに依頼した行為への恩恵の念を表すと解釈されます。
　テモラウには、(10)から(12)のように使役に共通する働きがあります。

（10）　パソコンを壊したのは君だから、弁償してもらうよ。
（11）　時間に遅れた理由をみんなの前で説明してもらった。
（12）　仕事の失敗の責任をとってもらいたい。

使役形の「弁償させる」「説明させる」「とらせる」の代わりに授受動詞を使うことで行為者との間の緊迫感が和らぎますが、これはテモラウが本質的に持つ恩恵性の効果です。

§3　話し手の主観——テクレル、テアゲル

　(13)から(15)のようなテクレルの恩恵の授受文は、上級の日本語学習者でも戸

惑うことがあるそうです。

(13) うちはひとりっ子だけど、近所に同い年の子供がいてくれて、一緒に遊んでくれるので助かります。
(14) あ、いいところに来てくれた。運ぶの手伝って…。
(15) 日照り続きだったけど、やっと雨が降ってくれた。

恩恵の授受文を行為の実際的なやりとりと理解していると、このような授受文は理解しにくいでしょう。
　テクレルは、話し手が出来事の当事者の場合はもちろんですが、当事者でない場合でもその出来事が話し手にとって好ましいと判断したときに使います。(13)から(15)の「近所に同い年の子供が住んでいること」「一緒に遊ぶこと」「だれかが来たこと」「雨が降ったこと」は、いずれも話し手のために実現した出来事ではありません。話し手と無関係に出来した出来事を出来事の外にいる話し手が自身の利益にひきつけて恩恵と解釈したもので、**話し手の主観**が強く現れています。
　また最近、料理番組の「みじん切りのたまねぎは弱火でゆっくり炒めてあげてください」や化粧品の宣伝の「洗顔後、この乳液をお顔全体にのばしてあげてください」などの恩恵の授受文をよく耳にします。これは恩恵の授受文の本来の機能を拡張した使い方だと言えます。話し手が「炒める」「のばす」という行為の受け手である「たまねぎ」や「顔」を話し手自身あるいは聞き手にとって大切なもの、丁寧な扱いにふさわしいものだと捉えていることの表れと考えられます。料理を味わう人と顔の持ち主？が間接的な恩恵の享受者です。「炒めてください」「のばしてください」よりも話し手の思いやりが伝わるということで広まった使い方かもしれません。

【練習問題１】
　アゲル、モラウ、クレルは、「～たい」「～てください」「～ましょう」などの形にすると文法性が異なります。「*くれたい／*くれてください／*くれましょう」などと言えないのはどうしてでしょうか。

【練習問題２】
　テアゲルを使った次の文は文法的ですが、語用の面で問題があります。どんな問

題があるか考えてください。
1) 先生、家族の写真を見せてあげましょうか。
2) 重そうですね。その荷物を持ってあげましょう。

（解答例は p. 153 にあります）

コラム4：話し手の視点

　日本語は、文脈依存性の高い言語で、特に理由がなければ、「私」「私たち」などを使って話し手を言語化する必要がありません。また、「私」がなくても、話し手がどこから事態を捉えているかを表示する手がかりがたくさんあります。話し手がどこから事態を捉えるかは、話し手が出来事の登場人物の中で、だれにより近いと感じるか、だれにより強い共感を持っているかによります。話し手は自身に近いと感じる者の立場から事態を捉える傾向があります。このことを話し手の視点と言います。話し手の視点については、7課で説明しました。ヴォイスは、話し手の事態の捉え方で、話し手の視点が現れています。

　日本語には、このほかにも話し手の視点の手がかりがあります。たとえば、学習者の産出する日本語に、母語話者には不自然に感じられる発話があります。「#友達が私に電話をかけました」「#母が私に手紙を書きました」「#姉が私に小包を送りました」などがその例です。これらは、いずれも、話し手（私）が何かの受け手になっています。受け手が話し手（私）でなければ、「山田が田中に電話をかけました」「太郎が次郎に手紙を書きました」「田中が山本に小包を送りました」となり、問題がありません。

　一般に、能動文は、動作主主語からの事態の描写で、「あげる」「もらう」の授受動詞文、また「かける」「書く」「送る」のような他動詞の文は、動作主主語に話し手の視点が置かれます。

　ただ、話し手は、話し手自身への共感度が一番高く、出来事に自分自身が関わる場合は、自身に視点を置いて事態を描写する必要があります。上の誤用例のように、他動詞文で、かつ出来事の到達点が話し手自身の場合は、視点を変更する操作が必要になります。もちろん、テクレルで「友達が電話をかけてくれた」「母が手紙を書いてくれた」「姉が小包を送ってくれた」のように、その出来事への恩恵を表すことはできますが、届いたものが嬉しいものばかりとは限りません。脅迫状だったり、身に覚えのない請求書だったりするかもしれません。そんなときは、テクレルと同様に到達点に視点を置くテクルやテヨコスが便利です。上の例なら、「友達が私に電話をかけてきた」「母が私に手紙を書いてよこした」「姉が私に小包を送ってきた」となります。推理小説などに見られる「犯人が脅迫状を送ってきた」「犯人が身代金要求の電話をかけてきた」といった形もその例です。

第10課　ヴォイスの選択──話し手の視点

> ねらい：見方によって同じ事態が肯定的で好ましいものと捉えられたり、否定的で好ましくないものと捉えられたりします。話し手は、間接受身、使役、使役受身、授受などのヴォイスを使って、事態のさまざまな捉え方を描き分けます。
> キーワード：話し手の視点、出来事の捉え方、好まれる言い回し

§1　使役と間接受け身

　出来事を捉える視点において「だれが何をしたか」に注目する他動詞と「だれに何が起こったか」に注目する自動詞は対をなしています。それに対して、使役と受け身は「だれがどの出来事に働きかけたか」と「だれがどの出来事から影響を受けたか」という点で対をなしています。

　使役と間接受け身はどちらも出来事の外にいる者の視点からの描写です。**話し手の視点**は、使役では出来事を引き起こした側に、間接受け身では出来事から影響をこうむった側にあります。話し手は、この二つを使って、同じ**出来事の捉え方**を表し分けることができます。

　このことを「ペットの犬が死んだ」という出来事を例に考えます。

 （1）　太郎は、ペットの犬を死なせた。
 （2）　太郎は、ペットの犬に死なれた。

(1)の「太郎」は影響の与え手で(2)の「太郎」は影響の受け手です。まず、(1)の使役について考えます。もし太郎がペットの犬に直接手を下したのなら「太郎はペットの犬を殺した」という他動詞文がありますから、(1)は直接手を下したことを含意しません。(1)の使役は、太郎が「ペットが死んだ」という自動詞文の表す事態の外にいて、ペットの死に対して何もなすすべがなかったという傍観の解釈になります。ペットの死に対する太郎の無力感と責任意識が伝わります。

　一方(2)は間接受け身文で、(1)同様に太郎は「ペットの犬が死んだ」という自

動詞文の表す事態の外にいますが、ペットの死から影響を受けたということを表し、被害者意識が感じられます。

意志動詞の場合はどうでしょうか。「秘書が辞める」を例に考えます。

（３）　田中は秘書 {に / を} 辞めさせた。
（４）　田中は秘書に辞められた。

「辞める」は意志動詞で、（3）の動作主はヲ格もニ格も可能です。ヲ格なら田中が解雇したことが、ニ格なら秘書が辞めるのを田中が許可したことが伝わります。一方（4）の間接受け身は、田中にとって秘書の辞職は迷惑だったことが伝わります。

§2　間接受け身と恩恵の授受

間接受け身と恩恵の授受のテクレルも出来事の異なる捉え方を表します。間接受け身とテクレルはどちらも受け手に視点があります。同じ受け手の立場から同じ出来事はどのように見えるでしょうか。「雨が降った」という自然現象の文で比べます。

（５）　雨に降られた。
（６）　雨が降ってくれた。

（5）の間接受け身は、雨が降ったことからマイナスの影響をこうむった者が存在するはずです。久しぶりの晴天で洗濯を干したのに雨が降った場合、運動会を楽しみにしていたら雨で運動会が中止になった場合、正装して出かけたのに雨が降りだし傘もなかった場合など、雨でだれかが困っている場面が想像できます。反対に（6）の恩恵の授受は、雨が降ったことを喜んでいる者が存在するはずです。水不足のあとの雨を喜ばしく思っている農業家、雨で運動会が中止になって喜んでいる運動嫌いの子供など、だれかが雨を喜んでいる場面が想像できます。

「友達が来た」という意志動詞の出来事で考えても同じです。

（７）　忙しいところに電話もなしに友達に遊びに来られた。

（8）　退屈していたら友達が遊びに来てくれた。

どちらも受け手に視点がありますが、（7）の間接受け身から受け手が出来事を自身にとってマイナスだと判断したことが、また、（8）の恩恵の授受から受け手がその出来事を自身にとってプラスだと判断したことが伝わります。

§3　使役と恩恵の授受

最後に使役と恩恵の授受のテモラウとテクレルを比べます。使役の視点は出来事への影響の与え手にあり、テモラウとテクレルの視点は出来事の影響の受け手にあります。

（9）　太郎に食事代を払わせた。
（10）　太郎が食事代を払ってくれた。
（11）　太郎に食事代を払ってもらった。

（9）の使役は、太郎に指示して、あるいは強制的に支払いを命じた場合などで、話し手から太郎への力の行使が表れます。一方（10）テクレルと（11）のテモラウは、どちらも話し手が太郎が食事代を払ったことを好ましく捉え、事態を歓迎していることが伝わります。ただし、二つの描写には違いがあります。

（10）のテクレルは、出来事の外にいる受け手がその事態のプラスの影響を一方的に享受している状況で、受け手が手放しで喜んでいる様子が伝わります。一方（11）のテモラウは、やや複雑です。9課で触れたように、テモラウには使役に共通した点があります。使役は指示や強制で強く働きかけて実現させた事態であることを明示しますが、テモラウはその出来事が受け手の働きかけの結果だということを暗示（含意）します。依頼して実現したことへの感謝のような意味になります。ここで、テモラウの代わりにテクレルを使うことで、実際に依頼して実現させた出来事であっても働きかけの含意を回避し、その出来事があたかも与え手の側の自主的で好意的な行為であったかのように表現することも可能です。このように、テクレルの使用は人間関係の摩擦を和らげる効果もあります。

日本語は、話し手（私）が出来事と自身の関わりをどのように表現したいかに基づいて使い分ける言語手段が豊富です。また、特に必要がない限り、「私」「私の」

などが言語化されない傾向があります。「私」がだれを指すかは、発話場面の状況（文脈）から明らかだからです。

　言語によって、母語話者に**好まれる言い回し**（fashions of speaking）というものがあると言われます。たとえば、日本語の場合、「私」を言語化しないこともそうですが、話し手が自身を客観的に捉えた「太郎が私を殴った」のような他動詞文は使いにくく、「太郎に殴られた」と直接受け身を使う傾向があります。これも好まれる言い回しの例です。また、「田中が妹に本をあげた」の受け手は「田中さんの妹」であり、「田中が妹に本をくれた」の受け手は話し手の妹だとわかるのもアゲル／クレルによります。授受動詞、恩恵の授受、間接受け身、使役などはすべて、言語化されない「私」を指標する手段です。

　間接受け身、使役、恩恵の授受などのヴォイスを使い分けると、文に現れた要素以外の情報が言外に伝わります。日本語母語話者に共通の主観的な事態の捉え方は、日本語らしさ、あるいは自然な日本語などと言われる、こういった日本語において好まれる言い回しによく現れています。

【練習問題1】
　「もらいたい」の文は出来事によって主語の格表示に制限があります。制限にどのような違いがあるか考えてください。
1)　早く子供に一人前になってもらいたい。
2)　*早く子供が一人前になってもらいたい。
3)　*早く雨にやんでもらいたい。
4)　早く雨がやんでもらいたい。

【練習問題2】
　次の文の話し手の事態の捉え方はどのように違いますか。
1)　新卒の先生に英語を教わった。
2)　新卒の先生に英語を教えてもらった。
3)　新卒の先生に英語を教えられた。
（解答例は p.154 にあります）

第11課　テンス──述語のル形とタ形

> ねらい：述語のルとタは発話現在を基準にしたテンス（時制）と見ることもプロセスの側面を捉えるアスペクト（相）と見ることもできます。ここでは、まずテンスとしてのル形とタ形の対立について考えます。
> キーワード：テンス、発話時、ル形、タ形、動的述語、静的述語、過去、未来、非過去、現在、超時的、臨場的、発見のタ、想起のタ

§1　テンスと述語のル形とタ形

　テンス（時制）は、発話の時点（**発話時**）を基準にして出来事を時間軸に位置づける文法範疇です。時間軸上で発話時より前なら過去の出来事、発話時よりあとなら未来の出来事になります。テンスを表示するのは述語のル形とタ形です。述語の三類型の**ル形・タ形**は、2課と6課で紹介しました。

　まず「食べる」という動詞で「さっき食べた」「いま食べる」「あとで食べる」を比べてみます。発話時以前を指す「さっき」と共起するタ形は**過去**の出来事を表します。また、発話時以後を指す「あとで」と共起するル形は未来の出来事を表します。それに対して、発話現在を表す「今」と共起するル形は、食べ始める直前は示しても、発話現在の出来事を表しません。「食べる」のル形は未来の出来事を表します。

　しかし、「いる」「ある」のように異なったふるまいをするものあります。

（1）　犬は さっき ここにいた／本は さっき ここにあった。
（2）　犬は 今 ここにいる／本は 今 ここにある。
（3）　*犬は あとで ここにいる／*本は あとで ここにある。

（1）のタ形は過去を表しますが、（2）（3）からわかるように「いる」「ある」のル形は、未来の出来事ではなく発話現在を指す「今」と共起して発話時点での犬や本の所在を示します。これらの動詞のル形は**現在**を表します。

　このように、動詞のル形のテンスの解釈の違いは、述語の意味に依存します。

「食べる」は動きを表す**動態動詞**で、「いる」「ある」は存在を表す**状態動詞**です。また「このコーヒーはおいしい」「太郎は元気だ」などの形容詞と名詞＋ダのル形も発話現在の状態を表します。三種類の述語を総合して捉えるために、述語を、動きを表すもの(**動的述語**)と、動きを表さないもの(**静的述語**)に分けて整理します。

(4)　述語 ｛動的述語：　動態動詞
　　　　　　静的述語：　状態動詞、イ・ナ形容詞、名詞＋ダ

　静的述語のル形が発話現在を、動的述語のル形が**未来**を表すことから、一般に述語のル形はタ形に対する**非過去**を表すとまとめられます。ル形とタ形のテンスの対立は(5)のようなります。

(5)　テンスの対立：
　　｛述語のタ形＝過去　　　　｛静的述語のル形＝現在
　　　述語のル形＝非過去　→　　動的述語のル形＝未来

　動的述語か静的述語かを見分けるには、時間を表す副詞をつけてみることです。「あとでする」「もうすぐ来る」のように「あとで」「もうすぐ」と共起するのは動的述語です。「現在、太郎は外国にいる」「現在、いい天気だ」のように「現在」と共起するのは静的述語です。

　動的述語で発話時現在の出来事を表すには、「現在、食べている」「現在、飲んでいる」「現在、書いている」のように、テイルの形を使います。テイルは12課で扱います。

§2　非過去を表さないル形と過去を表さないタ形

　動的述語のル形が未来を表さない場合があります。(6)(7)のようなだれかの習慣や、(8)(9)のような人々の一般的な習慣や傾向を表す場合です。

(6)　太郎は毎日七時に起きる。
(7)　田中は毎週末ゴルフをする。

（8）　関東の人は納豆を食べる。
（9）　その年ごろの子供はよく遊ぶ。

このような場合は、動的述語のル形は時制を超えた出来事や物事の一般的な傾向を表します。
　同様に、静的述語のル形が現在を表さない場合もあります。

（10）　この地方の人々は平均的に背が高い。
（11）　渋谷はいつ行っても人が多い。
（12）　早朝の空気はすがすがしくて、気持ちがよい。

（10）から（12）も物事の一般的な性質を表しますが、具体的な時間を超えた超時的な状態を表しています。
　反対に次の例のように動的述語のル形が現在を表す場合もあります。

（13）　あ、夕日が沈む。
（14）　あ、おみこしが通る。
（15）　あ、バスが来る。
（16）　頭がずきずきする。

これらは、話し手が発話現在で目の前に認識したり知覚したりすることを**臨場的**に実況放送のように言語化するものです。
　日本語の小説の場面描写や物事の経緯を話しているような場合に、述語のル形とタ形が混在することがあります。日本語は、英語ほど時制の一致の規則が厳しくありません。たとえば、（17）のような場面の叙述に述語のル形とタ形が現れます。

（17）　早朝に起きだして、太郎は窓を開けた。すがすがしい部屋に空気が流れ込む。太郎は大きく深呼吸した。

これは、過去を表すタ形と目の前の出来事を実況中継するル形の機能を利用したものです。タ形による描写は読み手にその出来事の時点と発話時からの距離を伝え、ル形による描写は読み手に発話時点の状況としての臨場感を伝えます。この

ような描写のしかたは、語りの視点と呼ばれることがあります。これによって、読み手は物語の場面を遠くから眺めさせられたり、場面の中に引き込まれたりすることを経験します。物語の語り手が語りの視点を時間軸上で前後に動かすことによる表現効果です。

また、過去の出来事や状態を表さないタ形もあります。たとえば、置いたところが思い出せず、あちこちめがねを探してやっと見つけたときに「あ、こんなところにある」ではなく「あ、こんなところにあった」と言います。また、パーティーで会釈された人の名前が思い出せず記憶をたどってやっと思い出したときに「彼は田中さんだ」ではなく「彼は田中さんだった」と言います。めがねは話し手が発話現在の時点で見つける以前からずっとそこにあり、知人の名前は話し手が思い出す前からずっと記憶の中にあったわけですが、これらのタ形は単純に過去を表しているとは言えません。

このようなタ形が表すのは、発話時点より前に記憶に留めたことを発話時点で再発見した、あるいは思い出したということです。発話時以前の認識を自身の記憶の中に検索し、成功したと言ってもよいでしょう。このようなタ形は単純な過去を表さないことから、通常**発見のタ**とか**想起のタ**と呼ばれます。

最近、レストランで料理を運んできた店の人に「ご注文の品はこれでよろしかったでしょうか」などとタ形で聞かれることがあります。自分で受けた注文を忘れたのか、自信がないのかと問いたくなります。「これでよろしいですか」と言わずに、無責任にも聞こえる「よろしかったでしょうか」を使うのは、発話時点より前、つまり注文をとった時点で得た情報をタ形で再認識の形で問いかけることで、自分の記憶に間違いがあるかもしれないけれど…というニュアンスを伝え、結果的に断定的な物言いを避けられると考えているからかもしれません。

§3　静的述語のル形とタ形

本屋で友達が本を手に取ろうとしているのを見て、「その本おもしろいよ」と言う場合と「その本おもしろかったよ」と言う場合があります。形容詞のル形は現在の状態を表すので、話し手はその本が面白いということを発話現在の段階で真であると信じていることが伝わります。話し手はその本の面白さはみんなに認められる性質のものだという判断をル形で表します。

一方、タ形の場合は、まず、話し手がその本をすでに読んだということが伝わ

ります。加えて、その本の面白さは、発話時点より前に話し手がその本を読んだ時点（過去のある時点）の状態だったということを主張します。それと同時に、その本が面白いということが発話時点でも真かどうかには触れられていません。静的述語のタ形は過去のある時点での状態を表すに過ぎません。つまり、発話時以前のある時点で、あるものが静的述語の意味する性質を持っていると話し手が判断したと言うことで、先の本屋の会話のような場合には個人的な見解であることが伝わります。

【練習問題 1】
　次のようなルとタはどのように解釈しますか。
1)　うちの猫トーストを食べるよ。
2)　このナイフはよく切れる。
3)　もう少し早く起きればバスに間に合った。

【練習問題 2】
　待っていたバスが遠くに確認されたとき、「バスが来る」と「バスが来た」のどちらも使います。どのように違うか考えてください。
（解答例は p. 154 にあります）

第12課　アスペクト1——ル形・タ形とテイル形

ねらい：動きや活動のプロセスの一部を捉える文法範疇をアスペクト（相）と言います。動的述語の動きや活動のプロセスを発話時点で捉えるにはテイルを使います。テイルとル形とタ形の比較を通して、動的述語の動詞をアスペクトの面から分類します。

キーワード：動きの側面、アスペクト、テイル、継続、進行中の動き、変化の結果の残存、継続動詞、変化動詞、属性

§1　アスペクトとテイルの形

　テンスは時間軸に沿った出来事の述べ方ですが、出来事をその動きに注目して、動きの始まり、動きの途中、動きの終わりなどの**動きの側面**から捉えることもできます。出来事を時間軸上ではなく動きの側面から捉える文法範疇を**アスペクト**と言います。

　「さっき食べた」「あとで食べる」のル形とタ形では、動きを発話現在で捉えることはできません。「いま食べている」とすることで、発話現在で述語が表す出来事が終わっていない、進行中の動きになります。**テイル**は動的述語が表す出来事がまだ終わらず継続している状態を表します。ちなみに、存在動詞「いる」「ある」はそれ自体が状態を表す静的述語ですから、「*いている」「*あっている」にはなりません。

　動的述語のテイルが表す状態は、動詞の意味によって異なります。

（1）　太郎がパンを食べている。
（2）　父が新聞を読んでいる。
（3）　雨が降っている。
（4）　虫が死んでいる。
（5）　とんぼが止まっている。
（6）　窓が閉まっている。

(1)や(2)は、だれかの「食べる」「読む」という動作が発話時点に継続中であることを表します。(3)のように自然現象を表す動詞もその現象が発話時の前後にかけて進行しています。このような出来事の**継続**の側面を**進行中の動き**と呼びます。

　一方、(4)は、虫が目の前で死につつあるのではなく、発話時以前に生から死への変化が起こり、その結果が目の前に存在するという意味になります。(5)と(6)も同様です。とんぼが飛んできて何かに止まって静止する動きや窓が開いた状態からそうでない状態に移る変化は発話時以前に実現しており、発話時にはその変化の結果が存在するという意味になります。このような出来事の側面の捉え方を**変化の結果の残存**と呼びます。

　テイルの意味を進行中の動きと解釈するか変化の結果の残存と解釈するかは、動詞の意味によります。たとえば、タ形を使って「一日中食べた」とか「午前中新聞を読んだ」のようにある時間をかけて遂行する、あるいはある時間に繰り返すことができる動きを表すものは**継続動詞**と呼ばれることがあります。継続動詞のテイル形は進行中の動きを表します。「雨が降る」「風が吹く」などの自然現象を表す動詞も継続動詞と言えますが、違いは主体の意志でコントロールできるかどうかです。

　また、「死ぬ」「止まる」のようにテイルで変化の結果の残存を表す動詞は、動詞そのものの意味に主体の瞬間的な変化が含まれます。発話時以前に変化し、発話時にはその結果が継続していることがテイルによって表されます。このような動詞は**変化動詞**（**瞬間動詞**）と呼ばれます。

　継続動詞でも変化動詞でもテイルは継続を表します。動きのどの側面の継続かが動詞の意味によって異なるわけです。

　中には「優れる」「そびえる」など「彼は成績が優れている」「山がそびえている」のように常にテイル形で現れる動詞もあります。これらは、モノの性状や**属性**を表す動詞です。

　動詞をテイルがつくかどうか、ついた場合にどのような意味になるかでまとめると(7)のようになります。テンスのルとタは述語一般について出来事の時間を表しますが、アスペクト形式は動詞のみにつく文法要素です。

(7) アスペクトの対立：

動詞 → { 状態動詞（テイルがつかない） → アスペクトの対立がない
       動的動詞（テイルがつく） → { 継続動詞 ＝ 進行中の動きの側面
                                  変化動詞 ＝ 変化の結果の残存

ここで、テイルのタ形、テイタについて考えます。テイタも継続を表します。テイタが表す継続とはどのようなものでしょうか。

(8) 昨日の午後は、部屋で勉強していた。
(9) 先週、中国に出張していた。
(10) 夕べは雨が降っていた。

(8)から(10)のテイルは継続を表すはずです。同時に、タ形がこの継続の状態が発話現在ではないことを示しています。たとえば(8)の発話時は現在ですが、話し手は時間軸上をさかのぼって昨日の午後の時点で動きがどのように捉えられたかを発話現在で述べています。テイルとテイタは、どちらも発話時は同じで現在ですが、継続を捉える時点が異なります。テイルで捉える状態の時点は発話時と重なりますが、テイタで捉える状態の時点は「昨日」「先週」「夕べ」などの語が表す時間軸上の発話時以前（過去）の時点になります。

§2 発話現在を表さないテイル

テイルが継続を表さない場合もあります。まず、繰り返し行われる習慣的動作がテイルで表されます。

(11) 太郎は、毎日牛乳を飲んでいる。
(12) 父は、毎朝、出勤前に新聞を読んでいる。

また、個人の経験もテイルで表せます。

(13) その本は三回読んでいる。
(14) そこへは二回行っている。

(11)から(14)は、発話現在の継続ではありませんが、定期的に繰り返される動作や複数回繰り返される活動などを発話時ではなく超時的に見ると、断続的に継続する一連の出来事と捉えることができます。

さらに、過去の出来事の記述にもテイルが使われます。

(15) 1603年に 徳川家康は江戸幕府を開いている。
(16) 1969年に アポロ11号が月面着陸に成功している。
(17) (手帳を見ながら) 先月は 15日に理髪店に行っている。

(15)や(16)は歴史上の出来事を、(17)は個人の履歴をタ形でなくテイル形で叙述するものです。歴史の出来事の連なりが今日を形成する、個人の過去の行為が現在につながると考えると、これらのテイルも広い意味で出来事の結果の残存と解釈できます。

また、主語や対象の数によってもテイルの解釈が異なります。

(18) 戦争で 大勢 死んでいる。
(19) 車が たくさん 止まっている。
(20) 太郎が 窓を 開けている。

「死ぬ」「止まる」は変化動詞ですが、「大勢」「車がたくさん」が示唆する主語の複数性によって、これらのテイルが複数の異なる主体の変化を連続的に捉えた描写であるとわかります。(20)の「窓」も一つではなく複数の窓であれば問題なく解釈できます。それぞれの変化は一度きりであっても、異なる対象の変化が連続的に起こり、その結果が残存していると解釈できます。

§3 テイルと否定

日本語の授業では次のようなやりとりが観察されます。

(21) 教師：　昼ごはんを食べましたか。
　　 学生A：はい、 もう 食べました。
　　 学生B：??いいえ、 まだ 食べませんでした。

何かをしたかどうかを言い表すのに「した」「しなかった」は問題がないはずです。しかし、上のような場合、学生Bの「しませんでした」の返答は不自然で「いいえ、まだ食べていません」が適当です。「しなかった」と「していない」の違いについて考えます。

11課で触れたように、静的述語のタ形は発話時以前のある時点での何かの状態を表すということでした。述語の否定形を作る形態素の -na-i は非存在を表す形容詞「ない」に由来します。ですから、述語のナイ形は静的述語になります。

(21)のやりとりで、「食べない」のタ形「食べなかった」は、発話時点以前のある時点で「食べる」という活動が未実現だったことのみを述べ、発話時点の状態については不問です。

一方、「食べていない」は、発話時点以前に「食べる」という動きが実現せず、したがってその動きの結果も発話現在に存在しないという意味になり、発話現在に関連した捉え方になっています。テイナイは、動詞の表す動きが発話以前に実現しない状態で現在に至ることを含意します。そこから、聞き手は発話時以降にその動きが実現しうる可能性を推測できます。「ていない」の表す未完了の状態の意味が「なかった」にはない発話現在への関連性を示している点に二つの違いがあります。

【練習問題1】
次のような学習者の誤用の原因を考えてください。
1) ┌ A *田中さんを知りますか。
   └ B *いいえ、知っていません。
2) 　　*ウチの犬は先週から病気で死んでいます。

【練習問題2】
次の会話のテイルの意味を分析してください。
監督：　せりふを暗記しましたか。
俳優：　はい、暗記しています。
（解答例は p. 155 にあります）

コラム 5: トコロダとバカリダ

　タ形、テイル形のほかにも活動や動きの完了を表すアスペクト形式があります。たとえば、「帰っていたの?」という問いに「帰ったトコロダ」あるいは、「帰ったバカリダ」と答えることができます。

　この二つの表現の違いは何でしょうか。まず、トコロダは、形式名詞のトコロに判定詞がついた形です。トコロには、もともと所、場所という意味がありますが、活動や動きのプロセスでは、ちょうどビデオなどの一時停止のような機能があります。連続した動きを一時停止して、動きの断面を静止画像のように捉えるのです。連続した動きが、連続した画像、連続した段階のように捉えられます。「帰ったところだ」は、帰宅した直後の時間ではなく、帰宅直後の場面を一時停止の画像のように捉えます。まさに動作に入ろうとしている場面はスルトコロダ、動作の途中の一場面はシテイルトコロダで描写できます。トコロダは、連続する場面の一つを切り取るもので、当然、その前後の場面の存在も暗示されます。

　一方、バカリダのバカリは「千円ばかり貸して」「三十分ばかり昼寝した」などのように「少し」「短い」などを意味します。タバカリダは、動きが完了してから時間があまり経過していない、何かの出来事の直後という時間的側面を表します。ただ、「昨日、海外出張から帰ったばかりだ/娘は、先月、留学を終えて帰国したばかりだ」のように、厳密な時間的直後ではなく、話し手が、出来事が完了してから経過した時間を短いと評価している場合であれば、「昨日、先月」などとも共起します。

　トコロダは出来事が完了した場面を、バカリダは話し手の主観による出来事の時間的直後を表します。友人と待ち合わせして、電話で「今どこ?」「電車を降りたところ。すぐ行く」などのやりとりは自然ですが、「??今電車を降りたばかり。すぐ行く」は自然に聞こえません。「電車を降りた」場面にいて次の場面に移ることが自然なタトコロダに対して、タバカリダは電車を降りた直後を強調するに過ぎません。また、仕事が一段落したときなどの「一息ついたところだ」からは、話し手がある程度休養して、次の段階へ移る余裕が感じられますが、「一息ついたばかりだ」からは、まだ休み足りないという話し手の不満も聞こえてきそうです。

第13課　アスペクト2——テアル・テオク・テシマウ

> ねらい：テアル、テオク、テシマウが捉える動きの側面を考察します。特に、テアルとテイルの対応を有対自他動詞との関わりで考えます。
> キーワード：働きかけの結果の残存、作成動詞、動作主の意図性、縮約、出来事の終結

§1　テイルとテアル

テイルと同様に、テアルも動きの側面を捉えるアスペクト形式です。テアルの機能を考えます。

（1）　本に名前が書いてある。
（2）　料理が作ってある。
（3）　夕食の材料が買ってある。

これらはすべて他動詞にテアルがついた文で、いずれも話し手によって発話時に観察される何かの状態を表します。「書く」「作る」「買う」は動作主と対象を必須補語とし、だれかが何かに働きかける動詞です。(1)はだれかが書いて出現した結果（名前）が発話時に本の中に観察され、(2)はだれかが調理して出来上がった結果（料理）が発話時に存在します。また、(3)はだれかが買ったもの（食材）が存在します。すべて他動詞の働きかけの結果が目に見える形で発話現在に残存している、すなわち**働きかけの結果の残存**の意味になります。

　働きかけの結果の産物を表す語はガ格で表示される場合とヲ格で表示される場合があります。

（4）　本に名前が書いてある／本に名前を書いてある。
（5）　料理が作ってある／料理を作ってある。
（6）　材料が買ってある／材料を買ってある。

いずれも二通りの格表示が可能ですが、まったく同じ意味ではありません。ガ格は他動詞の働きかけの産物である対象そのものに注目した捉え方で、テイルに近似しています。ヲ格は「動作主が対象を他動詞」という動作主の動き全体に注目した結果の捉え方です。たとえば、「書く」「作る」など動作の結果生じるものを対象にとる動詞（**作成動詞**）は結果が産物として認められるので、ガ格表示が自然に聞こえますが、行為全体の結果の効果を述べたい場合には、対象をヲ格で表示して「取り扱い説明書を読んであるので、すぐ使えます」「工事についての近隣住民の意見をまとめてあります」などの使い方ができます。テアルも、テイルと同じように発話時点以前の出来事の結果の状態を表しますが、テイルが結果の状態の残存に注目するのに対して、テアルは、他動詞の表す働きかけ全体に注目した結果の状態の捉え方だと言うことができます。

　また、何らかの動きが完了した結果の状態を示しているという点でもテアルはテイルに似ています。この二つの類似は、有対自他動詞の場合により顕著に観察されます。「つく・つける」「消える・消す」「あく・あける」を使って自動詞＋テイルと他動詞＋テアルを比べてみましょう。

　テイルもテアルも発話時点で捉えた変化の結果の状態です。

（7）　テレビがついている／テレビがつけてある。
（8）　名前が消えている／名前が消してある。
（9）　ドアが開いている／ドアが開けてある。

有対自他動詞の場合、同じ出来事について自動詞は何がどうなったかに注目し、他動詞はだれが何をしたかに注目することは6課で述べました。自動詞＋テイルは、変化の結果の残存の状態に注目した継続の捉え方です。他動詞＋テアルは、何かの目的で動作主が対象に働きかけ、その働きかけ全体に注目してその結果の残存を捉えるものです。他動詞＋テアル文には言語化されない動作主の存在とその目的や意図が含意されます。

　この違いは、たとえば、事件にまきこまれた人が思い出しながら現場の様子を描写するような場面で明らかです。

（10）　帰宅したら玄関が開いていて、鍵が壊れていました。閉めたはずの窓が開いていたし、消したはずの電気もついていました。

このような場面で、他動詞＋テアルは不自然です。

(11) ??家に帰ったら、玄関が開けてあって、鍵が壊してありました。閉めたはずの窓が開けてあったし、消したはずの電気もつけてありました。

このように観察した状態をありのままに描写する場合には、(11)の働きかけた者の意図を含意する他動詞＋テアルは適しません。
　一方、来客にくつろぐように勧める場合などを想像してください。

(12) 暑いので窓を開けてありますが、寒かったら閉めてください。
　　　テレビは消してありますが、ご自由にご覧ください。

他動詞＋テアルの他動詞が意味する働きかけ性から、話し手の来客に対する配慮が伝わります。これを「?窓が開いていますが、…。?テレビが消えていますが、…」にすると、話し手の意図や配慮が感じられません。
　このように、他動詞＋テアルが捉えるのは、他動詞が意味する動きの全体に注目した変化の結果の残存で、本来、他動詞が持つ働きかけ性、**動作主の意図性**がテアルがついた形にも受け継がれる点に特徴があります。

§2　テアルとテオク

　次に、テオクを考えます。日常の話し言葉では、テオクは**縮約**されてトクになります。

(13) 来客があるから、部屋を掃除しておいた。
(14) 台風が近づいている、電池と食料を買っておこう。
(15) 試験までに暗記しておかなければ…。
(16) 忘れないうちにメモしとこう。
(17) 若いうちに働いておこう。
(18) 夕べ十分寝ておいたから、今日は眠くない。

たとえば、(14)は、話し手が台風の到来する未来の時点を想定し、その時点には

電池や食料を買う活動が完了しているように意図的に行動する意味になります。テオクは、時間軸上に未来のある時点を設定し、その時には動詞の表す動きが完了しているように意図的に働きかけることを意味します。上の例のように、テオクは自他を問わず意志動詞につき、全体も意志動詞で、「しておきたい」「しておこう」「しておいてください」などが可能です。

　未来の時点が不定で、目標がはっきりしていない場合には、テオクは話し手の暫定的な意図を表します。次のような使い方がその例です。「とりあえず」「ひとまず」などの暫定を表す副詞と共起することが多いです。

　　(19)　ひとまずそこに置いておいてください。
　　(20)　とりあえず窓を開けておきました。

テオクをこのように使うことができるのは、テオクが動きの結果の状態ではなく、その動きをすること自体に焦点を当てた表現だからです。
　動き自体に焦点があるという意味では、テオクはテアルに似ているところがあります。

　　(21)　旅行のために、貯金してある。
　　(22)　旅行のために、貯金しておいた。

(21)のテアルは、発話現在で、「貯金する」という活動の完了とその結果（貯金）の残存に焦点がありますが、(22)の「テオク」は、設定したある時点までに「貯金する」という活動が完了することに焦点があるという違いがあります。二つを組み合わせて、「子供の教育のために、ある程度貯金しておいてある」のように使うこともでき、教育資金の準備が万全であることが伝わります。

§3　タとテシマウ

　テシマウも出来事の完了を表すアスペクト形式です。「しまう」は「すます」「しとげる」「おわりにする」などの終結を意味する意志動詞です。テシマウ自体も意志動詞で、「てしまいたい」「てしまおう」「てしまってください」などが可能です。日常の話し言葉では、テシマウが縮約されてチャウになります。次のよ

うに使われます。

(23) コップが割れてしまった。
(24) 宿題を三十分でしてしまった。
(25) 今日中にこの仕事をやってしまおう。
(26) 犬にケーキを食べられちゃった。

テシマウとタの違いは何でしょうか。動きや活動を表す動詞のタ形は出来事が完了したこと、過去の出来事であることを表します。「コップが割れてしまった」と「コップが割れた」では、どちらも「コップが割れる」という出来事が完了したということを主張し、論理的な意味は同じですが、「コップが割れてしまった」には、出来事の完了に**出来事の終結**のアスペクト形式シマウがついています。いわば、出来事の終結の意味を重複させて焦点を当てることで、出来事の終結に対する話し手の評価が含意されます。

ここから、話し手にとって望ましくない出来事の終結を強調すると(23)や(26)のように後悔の気持ち、残念な気持ちなどが伝わります。話し手にとって好ましい出来事の終結を強調すると(24)のように達成感などが伝わります。テシマウを使うことで、出来事に対する自身の評価を描き分けることができます。

【練習問題1】
　　次の文の違いを考えてください。
1)　こんなところにいすが置いてある。
2)　こんなところにいすが置かれている。

【練習問題2】
　　「太郎は本を読んでしまった」という文には二通りの解釈が可能です。二通りの解釈がわかるように文脈を補ってください。
（解答例は p. 155 にあります）

第14課　イクとクル、テイクとテクル

> ねらい：移動動詞の「行く」「来る」は、補助動詞テイク、テクルの形で話し手の視点の移動の方向を表します。また、出来事の時間軸上の移動（推移）や物事の変化も表します。
> キーワード：移動動詞、イマ・ココ、ダイクシス（直示性）、縄張り、付帯状況

§1　イクとクル、テイクとテクルの方向性

　移動動詞のイクとクルについて考えます。イクとクルは、話し手の視点に敏感な動詞です。英語母語の学習者には次のBのような誤用が観察されます。

（1）　A：　早く来てください。
　　　B：　*はい、すぐ来ます。

日本語母語話者なら「はい、すぐ行きます」とイクを使うところです。イク・クルとgo / comeの使い方は話し手と聞き手の発話の場の状況と発話時（**イマ・ココ**）に依存して決まります。このような性質を現す文法範疇を**ダイクシス**（**直示性**）と言います。

　イクとクルの直示性の理解には、**縄張り**（territory）の概念が役立ちます。発話の場に、話し手の縄張りと聞き手の縄張り、そしてそのどちらでもない領域が存在すると仮定します。直示性に関わる縄張りの基本は、発話の場で相対的に当事者に近い場所とそこに存在する人やモノゴト、さらには、当事者の家・出身地・会社のような所属先や組織です。

　イクは、話し手による自身の縄張りの外への移動を示します。クルは、話し手自身が移動する主体である場合は、自身の縄張りの中への移動を示します。話し手以外の主体が話し手の縄張りの中に移動する場合もクルが使われます。話し手の視点で言うと、イクの場合は移動の出発点であるガ格主語に置かれ、クルの場合は移動の到着点であるニ格補語に置かれます。

話し手は、自身が縄張りと認める場所(自宅や所属先)の外にいて、他の人に自身の縄張りに移動するように指示するときもクルを使います。たとえば、縄張りの外にいても「来週、うちに食事に来てください」とか「田中さんは昨日私の会社に来た」などと言うことができます。

　(1)の誤用の原因は、話し手が自身の縄張りの外に移動する場合に出発点に視点を置いてイクを使うべきところを、相手の縄張りである到達点に視点を置くクルを使ったことにあります。この誤用の原因はいろいろ考えられますが、学習者の母語が英語の場合は、英語のcomeと日本語のクルの違いによるものでしょう。英語のcomeは、話し手の縄張りへの移動だけでなく、聞き手の縄張りへの移動も表すと言われています。

　イク・クルは、テイク・テクルの形で補助動詞としても使われます。基本的に、テイクは話し手の縄張りから遠ざかる方向への移動を、テクルは話し手の縄張りに近づく方向への移動を意味します。ここでは、まず、テイク・テクルがイク・クルの本来の移動の意味を保持して使われる場合を考えます。この場合のテイク・テクルの意味は、その前につく動詞の種類によって異なります。(2)から(4)は着脱動詞の場合です。

（２）　花子は着物を着てきた。
（３）　弟はスニーカーをはいていった。
（４）　太郎は帽子をかぶってきた。

これらは、「着る」「はく」「かぶる」という動作をした結果の状態にある主体がイク・クルの移動をしたことを表します。

　移動動詞の場合はどうでしょう。

（５）　子供が走ってきた。
（６）　弟が歩いていった。

この場合、下線部分の動詞は移動中の主体の様態を表しています。子供が走る動きをした結果の状態で移動した、弟が歩いた結果の状態で移動したのではありません。「走って」は「走りながら」、「歩いて」は「歩きながら」のような意味になり、主体がイク・クルの移動をする際の様態を表しています。これを**付帯状況**と言います。このように、動詞の意味によっては、前に来る動詞がイク・クルの

移動の付帯状況を表します。
　さらに、一般的な活動の動詞の場合は、その活動をしてから移動するという意味になります。

（7）　今日、新聞を読んできた。
（8）　今日、新聞を読んでいく。

(7)は、話し手がどこかで新聞を読み、その後縄張りの中（ココ）に移動したという意味になります。反対に、(8)は、話し手が新聞を読んでから縄張りの外に移動する意味になります。
　また、テクルは、次のように使うこともできます。

（9）　食事をしてくる。

(9)は、たとえば、昼食をとりにいったん職場を離れ、食後に職場に戻るような場合に使います。これは、話し手が自身の縄張りの中（ココ）から縄張りの外へ移動し、そこで何かの活動をしたのち、再び縄張りの中（ココ）に移動するという意味です。
　テイクは、話し手の縄張りの中から縄張りの外への方向性を持った移動を表し、テクルは、話し手の縄張りの外から縄張りの中（ココ）への方向性を持った移動を表すと言えます。

§2　出来事の推移を表すテイクとテクル

　以上のイクとクルの基本的な意味を拡張すると、テイク・テクルで状況の変化やモノゴトの推移を表すことができます。まず、状況の変化の場合を考えます。存在しなかったものが出現したり、存在したものがなくなったりする意味を持つ動詞とテイクとテクルが使われることがあります。

（10）　近代になって新しい思想が次々と生まれてきた。
（11）　紙を水につけたら文字が現れてきた。
（12）　遺跡から土器が出てきた。

(10)から(12)の例ではテクルは「生まれる」「現れる」「出る」などとともに使われて、何かの出現による状況の変化を表します。

(13)　飢えで大勢死んでいった。
(14)　砂に書いた文字が波で消えていった。

(13)(14)のように「死ぬ」「消える」などの消滅の意味を持つ動詞がテイクと使われると、何かの消滅による状況の変化を表します。テクルは話し手の縄張りの中へ、テイクは話し手の縄張りから外へという、イク・クルの基本的な意味の拡張が観察されます。
　テイク・テクルは、「だんだん」「徐々に」「ますます」などの副詞と共起して、何かの漸次的な変化やモノゴトの推移を表すことがあります。

(15)　だんだん太ってきた。
(16)　徐々にやせていった。
(17)　ますます増えてきた。
(18)　少しずつ減っていった。

「太る」「やせる」「増える」「減る」などは変化動詞です。ここでも、テイクは話し手から遠ざかる方向の描写、テクルは話し手に近づく方向の描写と考えることが可能です。テクルからは、話し手がその変化をこうむる位置にいるような印象を、テイクからは、話し手が変化を遠くから眺めているような印象を与える表現効果があります。
　また、テクルは、次の例のように、自然現象や話し手の認知状況の変化の始まりを示すこともあります。「雨が降る」「風が吹く」などの自然現象を表す動詞や、「わかる」「見える」「聞こえる」などの知覚動詞と一緒に使われることが多いです。

(19)　雨が降ってきた。
(20)　風が吹いてきた。
(21)　わかってきた。
(22)　見えてきた。

これらはすべて、テクルがそれぞれの動詞が表す現象や状態変化が始まったこと

を表します。話し手がある現象を体験したり、何かの変化の兆しを認知したりするということで、話し手に近づく方向性を示すテクルが選ばれます。

§3　話し手の視点を表すテイクとテクル

　以上から、補助動詞としてのテイク・テクルは、話し手の視点を標示する言語形式だと考えられます。そこで、テクルが持つ移動の方向性を利用すると、文の視点を変えることができます。p. 57 のコラム「話し手の視点」で、「電話をかける」「小包を送る」などの他動詞述語はガ格主語に視点が置かれ、日本語の話し手は自身を客観的に他動詞の対象として捉えないと説明しました。テクルは、視点を話し手の縄張りに向ける機能があります。「*友達が私に電話をかけた」という文を、テクルを使って「友達が電話をかけてきた」とすると、文の主語を変えずに文の視点をニ格補語（私）に移すことができます。テクルは話し手の縄張りがゴールであることを示唆しますから、「私」を言語化する必要はありません。

　最後に、書き言葉やフォーマルな話し言葉に特徴的なテイクとテクルに触れます。次のような使い方です。

(23)　今まで助け合ってきたのだから、これからも助け合っていこう。
(24)　私どもは、添加物を使用しない製品を開発してきました。今後もさらに健康的な食生活の実現を追求していきたいと思います。
(25)　貧しくても、家族一緒に楽しく暮らしてきました。今後も楽しい暮らしを続けていけたらと思います。

このような文章が表すのは、話し手の基準とする時点を中心に前後に幅を持って比較的長い時間をかけて持続する出来事です。この文脈で、話し手は、基準点より前の状態を自身に近づく視点で描写し、基準点以後の状態の推移を自身から遠ざかる視点で描写します。ある時間の幅を持って展開する一連の出来事の中心に身を置いて、その状態の推移を語る視点です。このような描写にも、テイク・テクルの方向性が現れています。

【練習問題 1】
　次のテイク・テクルを分析してください。
1)　だんだん暗くなってきた。
2)　子供たちが成長していく姿を頼もしく思う。
3)　「いってきます」「いってらっしゃい」

【練習問題 2】
　次のようなテイク・テクルを分析してください。
1)　あ、いい考えが浮かんできた。
2)　時がたてば、この事件も人々に忘れられていくだろう。
（解答例は p. 156 にあります）

第15課　単文から複文へ──従属節のいろいろ

> ねらい：述語が表す出来事が一つだけの単文に対して、述語が二つ以上認められる複文について考えます。
>
> キーワード：単文、複文、主節、従属節、従属度、テ形接続、連用形接続、ナガラ形接続、条件節、連体修飾節、時間節、引用節、逆接、並列接続、因果関係

§1　単文と複文

　ここまで述語を中心に日本語の単文の構造を見てきました。ここから述語が二つ以上現れる文について考えます。

　次のような学習者の誤用があります。「*文法が難しくて、説明してください」「*買い物に行ったら、リストを持っていきます」「*昨日勉強した前にテレビを見ました」これらの誤用の文には、「難しい」と「説明する」、「行く」と「持っていく」、「勉強する」と「見る」のように述語が二つずつありますが、この二つの述語のつなぎ方に問題があります。二つの述語のつなぎ方を考えましょう。

　日本語の**単文**・**複文**の区別は単純ではありませんが、ここでは、単文を述語が一つの文、複文を述語が二つ以上現れる文とします。述語は出来事を表すので、複文には二つ以上の出来事が描写されます。意味の伝達上、主要な出来事を表す述語とそれ以外に区別し、主要な出来事を表す部分を**主節**と呼び、それ以外の出来事を表す部分を**従属節**と呼びます。複文は主節と従属節からなります。

　複文の構造は、従属節と主節の関係からいくつかに分類できます。分類の基本は、従属節の**従属度**です。従属度とは、従属節がテンスやアスペクトを持つか、従属節と主節が同じ主語か別々の主語をとるかなどに基づいた、節としての独立度の判断です。

　従属度が高いのは、従属節の述語がテンスを持たない場合です。(1)と(2)のように述語のテ形や連用形で二つの出来事を接続する場合がそれです。

（1）　太郎は学校へ行ってサッカーをした。

（2）　太郎は本を読み、次郎はテレビを見た。

また、（3）のナガラのように同じ主語についての二つの出来事をつなぐ場合もあります。

（3）　次郎はテレビを見ながら食事をした。

これらをそれぞれ**テ形接続**、**連用形接続**、**ナガラ形接続**と呼びます。いずれも従属節の述語には、テンスのル・タがなく、文全体のテンスは、主節の述語に表示されます。
　次は、従属節の述語がテ形や連用形、ナガラ形以外で、形が固定されている場合です。

（4）　雨が降ると、運動会はできません。
（5）　時間があれば来てください。
（6）　太郎が来たら、相談しましょう。

（4）から（6）は**条件節**で、それぞれト、バ、タラと呼ばれます。これについては18課で扱います。
　独立度がより高まり、従属節もテンスを持つ場合があります。一つは、（7）のように従属節が主節の補語の修飾部分に現れる場合です。

（7）　太郎が［花子からもらった］本を読んだ。

これを**連体修飾節**と呼び、16課で扱います。また、（8）のように従属節が「とき」「あいだ」「前」「あと」などの名詞を修飾する形で時を表す**時間節**もあります。

（8）　大阪へ行ったとき、大阪城を見物した。

時間節は17課で扱います。このほかに「太郎は来ないと言った」のように、「言う」「思う」などの動詞の引用部分に助詞トを伴って従属節が現れる**引用節**もあります。
　以上の従属節よりさらに節としての独立度が高い場合もあります。

（9）　太郎は病気だから、今日、学校を休む。
（10）　山田は忙しいけれど、田中は暇だ。
（11）　太郎は成績がいいし、態度もよい。

　(9)から(11)の従属節は、「から」「けれど」「し」などの接続助詞でつながれます。これらは19課で扱います。
　通常、従属節と主節の主語が異なる場合は、従属節の主語は、特に対比させる必要がない限りガ格で表示され、そのスコープは従属節内に留まります。主節の主語は、ハでマークされ、そのスコープは文の終わりまで及びます。たとえば、「太郎は［次郎が買った］雑誌を読んだ」「太郎は［荷物が届いたとき］家にいなかった」などがその例です。ただし、従属節と主節の主語が一致しているときは、「太郎は［きのう買った］雑誌を読んだ」のように従属節の主語は現れず、主節の主語のスコープが複文全体に及びます。

§2　ナガラ形接続

　ナガラ節は、動詞の語幹と形容詞の辞書形、判定詞の「であり」にナガラがついたものです。ナガラ節を含む複文は、主節と従属節の主語が同一でなればなりません。

（12）　次郎はテレビを見ながら食事をした。
（13）　*次郎は、太郎がテレビを見ながら食事をした。
（14）　*太郎がテレビを見ながら次郎が食事した。

　(12)は文法的ですが、(13)(14)は非文です。また、ナガラ節では、主節の述語が複文全体の時制を担います。
　ナガラ節の意味はナガラ節の述語の意味によって大きく二つに分けられます。まず、ナガラ節の述語が動態述語の場合は、ナガラ節は主節の述語の付帯状況になります。「花子は泣きながら歩いた」「太郎は音楽を聴きながら食事した」などの場合、それぞれ「泣く」ことが「歩く」ことの付帯状況を、「音楽を聴く」ことが「食事する」ことの付帯状況になっています。主たる活動は「歩く」「食事する」ですが、もし花子にとって「泣いた」ことが情報として重要なら、「花子

は歩きながら泣いた」と言うことができます。同様に、「太郎は食事しながら音楽を聴いた」とも言えます。動態述語であればナガラ節の述語には制約がなく、話し手は重要度の高い情報を主節にすることができます。

一方、ナガラ節の述語が状態述語の場合には、ナガラ節と主節の関係は**逆接**の関係、つまり「けれども」の関係になります。「いる」「ある」などの状態動詞、「貧しい」「若い」などの形容詞、「知っている」のようなテイルも状態述語ですから、逆接のナガラ節の述語になりえます。「貧しいながら、楽しく暮らした」「不満がありながら、そのことを言えずにいる」「彼は若いながら、しっかりした考え方をする」「事実を知っていながら、知らないそぶりをした」などがその例です。

§3 テ形

テ形接続による複文は、形が複雑でないことから、日本語教育でも比較的早い段階で導入されます。テ形接続の基本は、単に述語をつなぐこと、いわゆる**並列接続**ですが、述語の種類や意味によって異なる解釈が生まれます。

(15) 太郎は、親切で賢い。
(16) 太郎は、体育が得意で音楽が苦手だ。
(17) 太郎は、ピアノが弾けて歌も歌える。
(18) 太郎は、ピアノが弾けて人気がある。
(19) 太郎は、学校へ行って勉強した。
(20) 太郎は、働きすぎて病気になった。
(21) 太郎は、大学入試に受かって上京した。
(22) 太郎は一年生で、次郎は三年生だ。

(15)は、「太郎が親切だ」と「太郎が賢い」を単につないだもので、「太郎は、賢くて親切だ」としても問題ありません。同様に(16)は、「太郎が体育が得意だ」と「太郎が音楽が苦手だ」をつないでいます。これも順番を変えても問題はありません。このように、テ形接続の基本は、単純に[A＋B]を表すことです。

(17)は(15)(16)と同様に[A＋B]の解釈ですが、(18)は曖昧です。「太郎がピアノが弾ける」ことと「太郎が人気がある」こととが並列、つまり[A＋B]になっている場合と、太郎の人気の秘密が彼がピアノが弾けることにあるというよ

うに、二つの状態の間に原因と理由の関係、つまり従属部分と主たる部分を読み取ることもできます。このように、テ形接続が並列の関係か主従の関係かを適切に解釈するには、文脈が必要です。テ形接続の解釈が文脈に依存していることを示しています。

また、(19)の「学校へ行く」と「勉強する」のように、動的述語をつないだ場合は、通常、二つの動詞が表す出来事の間に時間的な前後関係が認められます。この前後関係は、述語の順序を入れ替えて「太郎は勉強して学校へ行った」とすると意味が変わることから確認できます。

(20)は、「太郎が働きすぎる」ことと「病気になる」ことの間に「働きすぎたら病気になる」というような一般常識に支えられた**因果関係**が読み取れます。これは時間的な前後関係と違って、述語の順序を入れ替えて「*太郎は病気になって働きすぎた」とすると、全体として意味をなさないことから確認できます。

(19)と(20)に比べて、(21)は曖昧です。「大学入試に受かる」ことと「上京する」ことの間には、時間的前後関係と原因と結果の関係の両方が読み取れます。これも正確な解釈には文脈が必要です。

また、(22)のように、太郎の属性「太郎が一年生だ」と次郎の属性「次郎が三年生だ」をテ形でつなぐこともできます。順序を入れ替えて、「次郎は三年生で、太郎は一年生だ」としても全体の意味に変化がありませんから、(22)は、(15)や(16)と同様の並列関係と言えます。

ただし、テ形接続の主節に制約がある場合もあります。テ形の従属節の述語が状態述語の場合は、依頼や命令などの話し手の聞き手へ働きかけを表す述語を主節にとることはできません。「*パソコンが必要で、買ってください」「*エアコンが古くて、取り替えてください」などとは言えないわけです。冒頭の学習者の誤用の「*文法が難しくて、説明してください」が非文であるのはこの理由によります。

以上のように、テ形接続は、述語の性質や意味によって、順序を入れ替えても問題がない並列接続の関係から、順序を変えられない動的述語の間の時間的前後関係と因果関係まで、その解釈は単一ではありません。テ形接続は、語形と文の構造が単純なだけに意味解釈の文脈依存度も高くなり、学習者によっては、このテ形接続の単純さがかえって難しく感じられるようです。

【練習問題1】
　次の文はどこがおかしいか考えてください。
1)　*漢字がわからなくて、教えてください。
2)　*太郎は、部屋の掃除をしてしまいながら、音楽を聴いた。
3)　*掃除を手伝ってありがとうございます。

【練習問題2】
　次の文の二通りの解釈を考えてください。
1)　この部屋は広くて気持ちがいい。
2)　太郎はギターがうまくてクラスメートに人気がある。

（解答例は p.156 にあります）

第16課　連体修飾節

> ねらい：日本語の名詞の修飾の構造を考えます。修飾部分が文（節）である連体修飾節は、修飾部と被修飾名詞の関係によって「ウチの関係」と「ソトの関係」という二種類に分けられます。
> キーワード：主要部、修飾部、被修飾名詞、連体修飾節、ウチの関係、ソトの関係、文の名詞化、相対名詞

§1　連体修飾節——ウチの関係

　「この花」「私の花」「美しい花」「きれいな花」はすべて「花」についての表現ですが、いずれも一番重要な部分が「花」で、それ以外の部分は「花」についての説明です。この一番重要な部分を**主要部**と呼び、主要部を説明する部分を**修飾部**と呼びます。

　名詞句の主要部と修飾部の語順を見ると、修飾部はすべて主要部の前に現れ［修飾部＋主要部］になっています。また、修飾部は、連体詞（例　この、その）、「名詞句＋の」（例　私の、太郎の）、イ形容詞（例　美しい、新しい）、ナ形容詞（例　きれいな、元気な）などです。また、「この私の新しい本」のように、主要部の「本」に修飾部を二つ以上重ねることもできます。修飾部が二つ以上の場合の語順は、通常［指示語＋所有者＋属性］あるいは［指示語＋属性＋所有者］の順になるようです。

　修飾部が文の場合はどうでしょうか。「友達は本屋で雑誌を買った」には「友達」「本屋」「雑誌」と名詞句が三つあります。それぞれの名詞句を主要部にして、それ以外を修飾部とすると、「本屋で雑誌を買った友達」「友達が雑誌を買った本屋」「友達が本屋で買った雑誌」のような表現ができます。修飾部分が文である場合、主要部の名詞句を**被修飾名詞**、修飾部の文を**連体修飾節**と呼びます。

　連体修飾節を含む名詞句の語順も［連体修飾節＋被修飾名詞］ですから、日本語の名詞句は、すべて修飾部のあとに主要部が現れます。ちなみに、連体修飾節は従属節ですから、ハは現れません。連体節に主語がある場合は、「友達が買った雑誌」あるいは「友達の買った雑誌」のようにガ格かノ格で表示されます。

英語で上の日本語と同じことを言おうとすると my friend who bought a magazine at a bookstore（書店で雑誌を買った友人）、the bookstore where my friend bought a magazine（友人が雑誌を買った書店）、the magazine which my friend bought at a bookstore（友人が書店で買った雑誌）となります。

ここでも語順が反対で、英語は［被修飾名詞＋関係代名詞（副詞）＋連体修飾節］になり、被修飾名詞と連体修飾節の間にそれらのつながりの関係を示す関係詞 who、where、which を使います。日本語では連体修飾節の述語を被修飾名詞に直接つなげばよく、関係代名詞などは使いません。序章で述べたように、日本語は述語が文の最後にくる言語で述語の位置が文の終わりを示すので、述語のあとにすぐ名詞が続いていれば、そこに節としての切れ目があるということがわかります。ただし、英語の関係代名詞を正しく翻訳したことを示すために「友達が本屋で買ったところの雑誌」などとトコロノを使うことがありますが、トコロノは近年になって生まれた連体修飾節の翻訳の表現であり、本来の日本語の表現ではありません。

日本語の連体修飾節の構造には二種類あることが知られています。それらは、**ウチの関係**と**ソトの関係**の連体修飾と呼ばれます。

まず、ウチの関係の連体修飾は、被修飾名詞句を連体修飾節の補語としてその中に収めることができるという性質があります。⇒ で示します。

（1）　本を買った学生 ⇒ 学生が本を買った。
（2）　学生が買った本 ⇒ 学生が本を買った。
（3）　学生が本を買った本屋 ⇒ 学生が本屋で本を買った。

このように、被修飾名詞句を修飾節の補語に還元できるものは、ウチの関係の連体修飾です。

ウチの関係の連体修飾で被修飾名詞になれる補語について考えます。まず、上記の例から、ガ格補語、ヲ格補語、場所のデ格補語が可能なことがわかりました。ほかの格はどうでしょうか。

（4）　学生が友達と勉強した ⇒ *学生が勉強した友達
（5）　学生が北海道から来た ⇒ *学生が来た北海道
（6）　友達が自転車で遊びに来た ⇒ *友達が遊びに来た自転車

動作協力者のト格補語、起点のカラ格補語、道具のデ格補語は不可能です。
　しかし、同じト格補語でも「太郎が相談した友達」は「太郎が友達と相談した」に還元でき、連体修飾の被修飾名詞になります。二つのト格の違いは、「勉強する」のト格は「一緒に」の意味の任意の補語ですが、「相談する」のト格は共同動作の相手を示す必須補語だという点です。このように、ウチの関係の連体修飾節の被修飾名詞になれるかどうかは、述語と補語の格関係によります。
　ウチの関係では連体修飾節から一つの名詞句を述語の後ろに動かして被修飾名詞にしたように見えます。これに対して、英語は、連体修飾節の名詞句の一つを節の前に出して関係代名詞でつなぐような操作に見えます。英語のような連体修飾構造を持つ言語を母語にする学習者には、日本語の連体修飾構造の被修飾名詞と連体節の語順が母語のそれと鏡像の関係になるので、学習しにくく感じるようです。

§2　連体修飾節――ソトの関係

　被修飾名詞を連体修飾節内に戻すことができないものをソトの関係の連体修飾と呼びます。次の例を見てください。

（7）　友人が仕事をやめたわけを話してくれた。
（8）　事故が起こった原因を調べなくてはならない。
（9）　外で子供が遊んでいる声が聞こえる。
（10）　パン屋からパンが焼けるいいにおいがしてきた。
（11）　だれかが階段を下りてくる音がする。
（12）　アンケート調査をした結果を報告した。

これらの下線のついた被修飾名詞を波線で示す連体節の一部として節の中に戻そうとすると、(7′)「*わけで友人が仕事をやめた」、(8′)「*原因で事故が起こった」(10′)「*いいにおいでパン屋からパンが焼けた」、(12′)「*結果でアンケート調査をした」などの非文になります。ただ、(8)のように「その」をつけて「その原因で事故が起こった」とすると容認度が上がる場合はあります。
　ソトの関係の連体修飾は多様ですが、被修飾名詞と連体節の関係でいくつかに分類できるものがあります。まず、被修飾名詞が指し示すモノゴトが、連体修飾節が表すだれか/何かの動作や変化の過程のどこかで、その過程に沿って出現す

るものである場合は、被修飾名詞が表すモノゴトを連体修飾節が表す動作や変化の過程の段階で分けられそうです。

　たとえば、(7)の友達が仕事をやめることになった理由と(8)の事故を引き起こした原因は、その動作や変化が起こる前に存在するものです。また、(9)の子供が遊んでいるときにあげる声、(10)のパンが焼ける過程で生じるにおい、(11)の人が歩く過程で生じる足音などは、ある動作や変化の進行に伴って発生するものです。さらに、(12)の調査の結果はある動作や変化後にしか成立しえないものです。これらのソトの関係の被修飾名詞が指し示すモノゴトは、「動作や変化の誘因」「動作や変化の進行中の産物」「動作や変化のあとに結実した産物」のように、動作や変化の段階に沿って分類できそうです。

　このほかに、「友人がカルチャーショックを経験した話はおもしろかった」などは、連体修飾節と被修飾名詞との間に並列のトイウを入れて「友人がカルチャーショックを経験したトイウ話」にできるもので、連体修飾節が被修飾名詞の内容を表すタイプです。しかし、「太郎に隣人と喧嘩になったいきさつを聞いた」の場合は、被修飾名詞「いきさつ」は連体節が表す変化のプロセスそのものを示すので、トイウは入りません。

　さらに、「だれかに見られている気がする」などもソトの関係の連体修飾ですが、この場合は「だれかに見られているヨウナ気がする」のように、連体修飾節と被修飾名詞との間にヨウナを入れることができるもので、何かに似ているという比況の関係を表すタイプです。このように、ウチの関係に比して、ソトの関係の連体修飾は複雑です。

　ソトの関係の連体修飾節に関連して、**文の名詞化**について考えましょう。出来事や状態を表す節を述語の補語とする複文があります。

(13)　太郎が来年留学する{こと/の}を知っている。
(14)　花子が来られなかった{こと/の}が残念だ。
(15)　田中さんが来る{こと/の}を忘れていた。

これらの例では、「太郎が留学する」「花子が来られなかった」「田中さんが来る」がそれぞれ形式名詞のコトとノによって名詞化され、主節の述語の補語になっています。

　コトとノの使い分けは単純ではありませんが、述語によって決まる場合があります。一般に「話す」「伝える」「(情報を)聞く」「相談する」などの伝達に関す

る動詞の場合はコトが使われ、伝達内容を表します。この場合は、「〜トイウコトを相談した」のように並列のトイウをつけることができます。また、「花子の趣味はピアノを弾くコトだ」のような名詞述語にもコトが使われます。

一方、「太郎が家を出るノを見た」「太郎が歌を歌うノを聴いた」などの「見る」「聴く」「感じる」といった知覚動詞や、「兄が引越しするノを手伝った」「犯人が逃げ出そうとするノを遮った」のように「手伝う」「助ける」「遮る」などの相手の動作への直接的・物理的関わりを表す動詞の場合にはノしか使えません。コトとノの使い分けも、日本語学習者にとって難しい学習項目です。

§3　相対的な名詞の修飾

次の文の波線部分もソトの関係の連体修飾節です。

(16)　大勢の人が待っている前を満員のバスが通り過ぎていった。
(17)　子供が寝ているそばで本を読んだ。
(18)　超高層の建物が建ちならぶ間を高速道路が走っている。

これらの被修飾名詞「前」「そば」「間」は、§2で扱ったような動作や変化の過程の段階で生じる副産物ではなく、トイウやヨウナで連体修飾節とつなぐこともできません。

「AはBの右」であれば「BはAの左」、「AはBの上」であれば「BはAの下」になることからわかるように、前、後ろ、上、下、中、間、そば、よこ、右、左などの名詞が指し示す意味は、それを修飾している部分の意味との関係で相対的に決まるものです。これらの名詞は**相対名詞**と呼ばれます。他のものとの相対的な関係は、物理的な位置関係の場合と時間的な前後関係の場合があります。相対名詞を被修飾名詞にする連体修飾構造もソトの関係で、連体節を伴って物理的な位置関係や時間的な前後関係を表します。

ここであげた例は、物理的な位置関係の例ですが、17課で、時間的な前後関係に基づいて意味が決まる相対名詞を使った、時を表す従属節（時間節）について考えます。

【練習問題1】
　次の文の下線がついた名詞を被修飾名詞にして連体修飾節が作れますか。作れない場合はその理由も考えてください。
1)　太郎は頭がいい。
2)　その男が物音に耳を澄ませた。
3)　東京から大阪まで新幹線で行った。

【練習問題2】
　次の文の（　）にノとコトのどちらが入るか、またそれはどうしてか考えてください。
1)　太郎は、花子が到着する（　　）を待っていた。
2)　今朝の新聞に、夕べ地震があった（　　）が書いてある。
3)　雨が降っている（　　）に気がついた。
4)　雨が降っていた（　　）に気がついた。
（解答例は p.157 にあります）

第17課　時を表す従属節

> ねらい: 時を表す従属節、いわゆる時間節を三類取り上げ、それらが表す時の捉え方と意味について考えます。
> キーワード: 時間節、トキ、アイダ、ウチ、マエ、アト、アスペクト、未完了

§1　トキ(ニ)

　時を表す従属節は**時間節**と呼ばれ、時の捉え方によっていくつかに分けられます。ここでは、時を時間軸上の点として捉える**トキ**、時間軸上の幅を持った期間として捉える**アイダ**と**ウチ**、ある点をもとに時間的前後を相対的に捉える**マエ**と**アト**を取り上げます。

　まず、トキから考えます。形式名詞のトキは、修飾部を伴って、時を過去、現在、未来の時間軸上の一点と捉えて表す形式です。トキは、修飾部の名詞の意味や述語の意味とアスペクトによって、さまざまな使われ方をします。

（1）　子供のとき、友達と公園で遊んだ。
（2）　若いとき、毎週のように映画を見にいった。
（3）　昨日帰るとき、雨が降っていた。

(1)と(2)のように、修飾部が名詞や形容詞で継続的な状態を表す場合は、トキは継続した事態を時間軸上の点として捉えますが、それは、子供時代、あるいは若い間のような幅を持った捉え方です。

　述語がテイル形の場合も、トキは、事態の継続の時間を時間軸上でゆるやかな幅を持ったものとして捉え、主節ではそのときの幅の中で繰り返し行われる習慣的な行為を表します。主節に「〜ものだ」が現れやすい環境です。また、(3)は、だれかが帰宅する道のりという、同様に幅を持った捉え方で、その間、雨が降っている状態が存在していたことを表します。

　一方、(4)から(6)のトキニは、トキに時を限定する格助詞ニがついたものです

が、従属節が表す動きの進行中の状態のある一点で、主節が表す出来事や変化が生じることを表します。主節は一度だけの出来事や状態変化を表し、トキニ節がその出来事や変化が起こった時点を限定的に表します。

（4）　勉強しているときに、雷が鳴った。
（5）　食事しているときに、友達が来た。
（6）　テニスをしていたときに、雨が降りだした。

トキはある状態の時間的幅を、また、トキニはある状態の時間的幅の一点を表します。ただし、私たちの日常会話では、トキとトキニの使い分けはそれほど厳密ではないようです。
　トキ節の出来事と主節の出来事の関係は、トキ節の述語のアスペクトから理解できます。(7)と(8)を比べてみましょう。

（7）　フランスに行くとき、地図を買った。
（8）　フランスに行ったとき、地図を買った。

　地図を買った場所はどこかと言うと、(7)はフランスではなく、フランスに到着する以前のどこか、また、(8)はフランスだとわかります。この違いは、トキ節の述語の形から判断します。(7)のトキ節の述語は動詞「行く」のル形で、(8)のそれは同じ動詞「行く」のタ形です。11課でル形とタ形をテンスの表示としましたが、複文ではすこし複雑です。複文の主節の述語のル形とタ形はテンスを表しますが、従属節のル形とタ形はテンスではなく**アスペクト**を表します。ル形は**未完了**、タ形は**完了**の表示です。(7)は、「フランスに行く」という出来事が未完了の段階、すなわち、フランス到着以前のどこかで地図を買い、(8)は「フランスに行く」という出来事が完了した時点で主語が存在する場所、つまりフランスで地図を買ったと理解されます。このように、動詞のル形とタ形は、単文か複文かによってテンス表示にもアスペクト表示にもなりえます。日本語のテンスとアスペクトの複雑さを反映しています。
　もう一度(4)から(6)を見てください。いずれも主節の述語はタ形です。従属節の述語にはテイル形もテイタ形も可能です。主節の述語にテンスが表示されますから、従属節の述語は、テイタ形で時制をそろえることも、テイル形で過去の時点での出来事の継続のアスペクトのみを表すことも可能です。

トキ節は従属節の出来事と主節の出来事の時間的な関係を述語のアスペクトで表示するもので、述語のアスペクトを手がかりに解釈し分ける必要があり、学習者にとって難しい学習項目のようです。

§2　アイダ(ニ)とウチニ

　時間節のアイダとウチは、時間軸上のある点をもとに時間の幅(期間)を限定して表す形式です。アイダは、修飾部によって物理的あるいは時間的幅が限定される相対名詞で、時間の幅には起点と終点が存在します。

（9）　夏休みのあいだ、アルバイトをした。
（10）　友達が勉強しているあいだ、隣で漫画を読んでいた。

夏休みには始まりと終わりがあります。同様に、勉強も始まりと終わりがあります。アイダは、時間の幅を持つ名詞や出来事の継続を表す述語について、その事態が継続している時間の幅のすべてを表します。その状態が継続した時間の幅と、主節の活動が継続した時間の幅は重なります。
　アイダに対して、アイダニという表現があります。

（11）　夏休みのあいだに、運転免許をとる。
（12）　友達が勉強しているあいだに、コンビニで弁当を買ってきた。

アイダとアイダニは、トキとトキニの関係と同じです。アイダニの場合も、主節が表す出来事や変化は一回きりのものです。
　次に、ウチニ節を考えましょう。ウチもアイダのように時間の幅を表しますが、アイダほど起点と終結点が明確ではありません。ウチニは終結点を予測できないような時間の幅です。

（13）　若いうちに方々旅行しよう。
（14）　明るいうちに帰ろう。
（15）　子供が寝ているうちに仕事しよう。

終結点が予測できないということは、若さはいつか終わるけれどいつかはわから

ない、夕暮れになって暗くなるだろうけれどいつその変化が起こるかわからない、寝ている子供がいつ起きるかわからないということですから、ウチニはある種の緊張感を含意します。

また、ウチニは、終結点が予測できないことから、否定とともに、ウチニ節が表す変化の未実現の状態の時間の短さを強調することもできます。

(16) 年をとら<u>ないうちに</u>方々旅行しよう。
(17) 暗くなら<u>ないうちに</u>帰ろう。
(18) 子供が起き<u>ないうちに</u>仕事しよう。

これに対して、(19) のように、アイダニは否定をとりにくいようです。これは、出来事の非存在の期間を限定することができないからだろうと考えます。ナイアイダニはナイウチニに比べて、容認度が下がります。

(19) ?? 先生が来<u>ないあいだに</u>友達の宿題を書き写した。
(20) 先生が来<u>ないうちに</u>友達の宿題を書き写した。

§3 マエニとアトデ

「〜マエ」「〜アト (デ)」も相対的な名詞マエとアトを使ったソトの関係の連体修飾節による時の表し方です。マエ節とアト節の適切な使用には、述語のアスペクトが重要です。次のような学習者の誤用があります。

(21) *昨日映画を見<u>た前に</u>勉強した。
(22) *明日勉強<u>するあとで</u>買い物に行く。

これらは、それぞれ、「昨日映画を見る前に勉強した」「明日勉強したあとで買い物に行く」と言わなくてはなりません。

「前」と「あと」は相対名詞です。「駅の前」や「コンサートのあと」のように、常に物理的、あるいは時間的相互関係の基準となる修飾部を伴わなくては、単独では意味をなしません。

マエ節とアト節は、従属節の述語のアスペクトが決まっており、述語のアスペ

クトが主節の出来事との相互関係を示します。主節の述語のテンスに関係なく、常に〜ルマエ、〜タアトという形になります。この場合のル形とタ形は、トキの場合と同様に未完了と完了のアスペクト表示です。

(21)では、昨日「勉強する」という出来事が実現した時点では「映画を見る」という出来事は未完了です。また、(22)では、明日「買い物に行く」という出来事が実現する未来のある時点では「勉強する」という出来事はすでに完了していなくてはなりません。ルマエとタアトは、主節と従属節の出来事の時間的前後関係を従属節の述語のアスペクトで表示します。

最後に、アイダニとウチニとマエニを比べてみましょう。

(23) 桜が咲いているあいだに花見に行こう。
(24) 桜が咲いているうちに花見に行こう。
(25) 桜が散る前に花見に行こう。
(26) 桜が散らないうちに花見に行こう。

(23)のアイダニと(25)のマエニは、桜がいつごろからいつごろまで咲いているか、桜の開花期間がおおよそわかっていて、それに合わせて花見の計画を立てようというニュアンスがあり、話し手は冷静に自身の行動を計画しています。一方、(24)と(26)のウチニは、桜の開花期間の終わりが予測できない、桜が散ってしまっては花見ができないというようなニュアンスになり、さらに(26)は、「桜が散る」という変化が未実現の状態の短さを強調することで、花見の計画の緊急性を含意します。アイダニ、マエニ、ウチニを使い分けることで、話し手は従属節と主節の時間的前後関係以上のことを表現することができるのです。

【練習問題1】
　次のような誤用を分析してください。
1)　*昨日寮に帰った前に渋谷で友達と食事しました。
2)　*明日授業が終わるあとで会いましょう。

【練習問題2】
　「暗くならない前に帰ろう」「戦争が起きない前にこの国を出よう」などのマエニの使い方を耳にすることがあります。これらは非文のはずですが、このような文の話し手の発話意図を考えてください。(解答例はp. 157にあります)

第18課　条件を表す従属節

> ねらい：条件とその帰結を表す形式のト、バ、タラ、ナラの条件節の異同を考えます。
> キーワード：条件節、条件文、前件、後件、論理式、因果関係、譲歩条件節、契機関係

§1　条件を表すト、バ、タラ、ナラ

　一般的に条件を表すト、バ、タラ、ナラのついた従属節を**条件節**と呼びます。条件節を持つ複文を**条件文**と呼び、条件節が表す出来事や事態を**前件**、主節が表す出来事や事態を**後件**と呼びます。条件文は、前件をP、後件をQとして、一般に「PならばQ」またはP→Qという**論理式**で表されます。
　まず、自然の摂理や恒常的な因果を表すようなP→Qで、ト、バ、タラの条件文を比べます。

(1)　春に{なると/なれば/なったら}、暖かくなる/桜が咲く。
(2)　100と5を{足すと/足せば/足したら}105になる。
(3)　このボタンを{押すと/押せば/押したら}おつりが出る。
(4)　試験に{受かると/受かれば/受かったら}通知が来る。
(5)　窓を{開けると/開ければ/開けたら}風が入ってくる。
(6)　{安いと/安ければ/安かったら}よく売れる。

　(1)のような季節による自然変化や、(2)(3)のようにだれが試みても同じ結果になる恒常的な**因果関係**、(4)(5)(6)のように常識的な因果関係のP→Qの場合は、ト、バ、タラのどれも可能です。PとQの間には時間的前後関係が認められます。(1)から(6)の後件はすべて超時的なル形で、条件節はいずれも典型的な条件を表します。
　一方、次のような場合には違いが現れます。

（7）　その角を {曲がると / *曲がれば / ?曲がったら} 銀行がある。
（8）　この道を {行くと / *行けば / ?行ったら} 公園がある。

(7)(8)のPとQの関係は、因果関係でも時間的な前後関係でもありません。Pは主体の移動を表し、主体の移動が完了したところで何かの存在を確認するという意味です。前件の展開とともに話し手の視点も移動しています。
　また、後件の内容によっても違いがあります。

（9）　{*寒いと / 寒ければ / 寒かったら} 窓を閉めてください。
（10）　{*読みたいと / 読みたければ / 読みたかったら} どうぞ。
（11）　{*寒くなると / *寒くなれば / 寒くなったら} 窓を閉めてください。
（12）　{*読みたくなると / *読みたくなれば / 読みたくなったら} どうぞ。
（13）　太郎が {*来ると / *来れば / 来たら} 出かけよう。

後件が聞き手への依頼や聞き手に対する助言、話し手の意思を表す場合、トは使えません。また、バは、前件が状態を表す場合には可能ですが、変化や動きを表す場合には使えません。以上のどの場合にもタラが使えます。
　ここから、それぞれの特徴を次のようにまとめることができます。
　トの中心的な意味は、前件の事態が実現すれば必ずその自然の帰結として後件の事態が起こるという必然的な因果関係のP→Qを表し、Qには超時的なル形が現れます。前件の出来事が移動の場合、話し手の視点も主体とともに移動し、後件を確認します。トが地図の説明などによく使われるのはこのためです。
　バは、トと同じように必然的な因果関係のP→Qを表しますが、移動による視点の変化は表しません。後件の制約はトほどきつくなく、前件が状態を表していれば、後件に話し手の意図や聞き手への働きかけの表現が可能です。
　タラは一番制約が少なく、前件と後件の間に時間的前後関係が認められる場合が多いです。これはタラのタが関係しているのでしょう。
　ここで、ト、バ、タラと、ナラを比べてみます。

（14）　{練習すると / 練習すれば / 練習したら / *練習するなら} 上達する。
（15）　雨が {やむと / やめば / やんだら / *やむなら} 試合が始まる。
（16）　雨が {*降ると / *降れば / *降ったら / 降るなら} 傘を持っていく。
（17）　太郎が {*来ると / *来れば / 来たら / 来るなら} 私は行かない。

(18)　明日 {*来ると / *来れば / *来たら / 来るなら}、その前に電話してください。

　ナラと他の三つとの違いは顕著です。上の例文では、(14)(15)はナラだけが使えず、反対に(16)(17)(18)ではナラしか使えません。(14)(15)はともに、前件が実現してから後件が実現する関係です。Pが真になった後でQが真になる、ある種の時間的な前後関係があります。

　(16)(17)の後件「傘を持っていく」「私は行かない」は話し手の発話時の決意を表します。(16)では、話し手は、「雨が降る」という事態が確実に起こるかどうかは未定の時点で、事態が実現する可能性をとりたて、その事態に備えて「傘を持っていく」と決断します。また、(17)では、「太郎が来る」ということが確実に実現するかどうか未定の時点で、その出来事が実現する可能性をとりたて、その前提の下では自分は行かないと決意表明をしています。つまり、ナラの条件文が表すのは、論理的あるいは時間的なP→Qの関係ではありません。

　また、(16)(17)のようなナラの条件文では、「雨」と話し手、「太郎」と「私」のように前件と後件の主語が異なります。後件には、話し手の意志のほかに「海外旅行をするなら、ガイドブックを買ったほうがいい」のような聞き手への命令や薦め、「太郎が来るなら、次郎は来ないと思う / 来ないだろう」のような推測が現れるのが特徴です。

　また、(18)の後件は話し手から聞き手への依頼を表していますが、ここでタラが使えないのは、話し手が聞き手からの電話を期待している時点に関係します。「その前に」からわかるように、電話連絡は聞き手が来るという事態が完結する前に実現していなくてはなりません。このようなナラの特徴を利用したのが「飲んだら乗るな。乗るなら飲むな」という標語です。「乗るなら飲むな」は、「乗るなら、その前に飲んではいけない」という意味になります。

　また、ナラには、「花見なら上野公園がいい」「太郎なら図書館にいるよ」のように提題の機能もあります。何かを題目としてとりたて、残りの部分でそれについて述べるものです。条件節としてのナラも基本的に同じ性質を持ちます。「花見をするなら上野公園がいい」「太郎に会いたいなら図書館にいるよ」のように、話し手は、ナラで何らかの事態をとりたて、仮にその事態が実現されると前提した上で、それについての判断や意志を後件で述べます。ナラの条件文は、前件を前提とした話し手の意思表明と言ってよいでしょう。ナラの代わりにノナラを使うこともありますが、これは21課で扱うノダという文末形式に関係していると考えられます。

上の四種の条件文の比較から、学習者にとっては、一番制約が少ないタラ条件文が学びやすいだろうと推測できます。

§2　譲歩条件を表すテモ

　ここまでP→Qを表す条件文について考えましたが、条件文には逆接的なものもあります。「PなのにQ」あるいはP&～Qという論理式で表される関係です。論理式の「～」は否定を意味します。この仮定上の逆接を譲歩と呼び、そのような条件を**譲歩条件**と呼びます。譲歩条件文の例を見てください。

（19）　たとえみんなに反対されても留学したい。

　「みんなに反対されたら留学しない」は順接的な条件文ですが、「みんなに反対されても留学したい」は譲歩的な条件文です。テモ節は**譲歩条件節**です。テモは、テ形に添加型のとりたて助詞のモがついた形式で、前件と後件は、常識的な因果と矛盾する関係にあります。矛盾を強調する「たとえ、万が一」などの副詞と共起します。
　また、「疑問語＋〜テモ」の形も使われます。「花子は、だれに会っても挨拶しない」「何をやってもうまくいかない」「いつ行っても太郎は留守だ」などがその例です。たとえば、「花子は、だれに会っても挨拶しない」の場合は、花子が太郎に会ったとき挨拶しなかった、次郎に会ったとき挨拶しなかった、先生に会ったとき挨拶しなかったというような文を考え、花子が会った人の集合の中に花子が挨拶をした人が存在しないという意味になります。これはテモのモが添加型とりたて助詞のモであることによります。ただし、世の中の人すべてをチェックしたわけではありませんので、誇張した表現です。

§3　過去の出来事を表すトとタラ

　トとタラには、実際に起こった過去の事実関係を表す用法があります。これらの従属節は、「〜タトキ」に近い意味になります。前件と後件の関係は、因果関係というより、前件の出来事が実現したことがきっかけになって後件が実現した

という、いわゆる**契機関係**になっています。

(20) ｛帰宅すると / 帰宅したら｝、友達が来ていた。
(21) トンネルを｛抜けると / 抜けたら｝、そこは雪国だった。
(22) 私語を｛注意すると / 注意したら｝、その学生は教室を出て行った。

前件と後件の主語が異なる場合は、トモタラも可能で、前件の出来事の主体がその出来事が完了した段階で発見したことや気づいたことの内容が後件になります。発見に伴う驚きや意外性も伝わります。
　また、前件と後件の主語が同じ場合は、同一主体による動作の連鎖の描写となり、タラは容認度が下がります。

(23) 田中は、｛出社すると / ?? 出社したら｝予定をチェックした。
(24) 太郎は、｛昼食を済ませると / ?? 済ませたら｝オフィスに戻った。

この場合は、前件を後件のきっかけとは解釈しにくいため、タラが使いにくいようです。どちらも同一主体の過去の連続した活動を時間軸に沿って描写したものです。「田中は、出社して予定をチェックした」のように、並列接続のテ形でも同一主体の連続した活動を表現できますが、テ形接続の場合は、二つの独立した出来事の連鎖というより、二つの動作で成り立つような、自動化された慣習的動作の描写の解釈のほうが自然です。
　トとタラは、条件文の場合も過去の出来事の連鎖の場合も、前件が起きて後件が起きるという契機関係を表す傾向があり、その意味では、バ節が日本語の典型的な条件節であると言えそうです。

【練習問題1】
　次の文のテハもある種の条件と考えられますが、どのような条件でしょうか。
1) そんなことをしては、困ります。
2) 小さいころ、太郎は、弟のおもちゃで遊んでは、母親にしかられたものだ。

【練習問題2】
　次のような文はどのような条件を表すでしょうか。
1) もっと勉強していれば、大学に合格できたのに。

2) 雨が降らなかったら、運動会は中止にならなかっただろう。
（解答例は p. 158 にあります）

第19課　出来事の関係を表す従属節

> ねらい: 出来事や事態の関係を表す従属節のうち、原因と結果などの因果関係を表すものと逆接関係を表すものについて考えます。
> キーワード: 順接関係、因果関係、逆接関係、並列関係、談話展開機能

§1　順接のカラとノデ

　出来事や事態の関係を表す従属節について考えます。出来事や事態の関係では、ある出来事が他の出来事を予測するような方向を持った関係を**順接関係**と呼び、ある出来事の予測と反するような方向を持った出来事の展開を示す関係を**逆接関係**、また、出来事同士が単に連なっている関係を**並列関係**と呼びます。15課でテ形が並列関係と因果関係（契機関係）を表すことを見ました。ここでは、テ形より独立度が高い順接、逆接、並列の従属節について考えます。以下、条件節にならって、従属節の出来事を前件、主節の出来事を後件と称します。

　まず、順接の接続助詞のカラとノデを取り上げます。接続助詞のカラは起点を表す格助詞のカラとは異なります。また、前件の述語が「だ」で終わる場合、ノデは「病気なので」「子供なので」のようにナノデになります。

　(1) 病気 {だから / なので} 休みます。

(1)はカラもノデも可能です。この文では、前件が原因で後件がその結果という解釈も、前件が後件の理由や根拠になっているという解釈も可能です。
　順接の因果関係の背後には、「PならばQ（P→Q）」という条件文を考えることができます。因果関係を表すのは次のような場合です。

　(2) 今日は一日中働いた {から / ので} 疲れた。
　(3) 雨が降った {から / ので}、運動会は中止になった。
　(4) 高い {から / ので}、買わなかった。

(2)から(4)の背後には、「一日中働いたら疲れる」「雨が降ったら運動会は中止になる」「高かったら買わない」という条件文が考えられます。話し手は条件文を前提に推論し、それと後件の事態が合致する場合にカラ・ノデ節を使います。順接は話し手が前提とする条件文の推論通りに事態が展開したと捉えていることの表れです。

また、後件が話し手の判断や意見、意志、決断などを表す場合、前件は後件の理由や根拠を表します。この場合も前提とする条件文が考えられますが、因果関係ほど一般的、論理的な関係ではありません。話し手の判断の根拠ですから、あくまでも話し手の個人的な見解です。

(5) 今日は一日中働いた {から / ので}、明日は仕事を休む。
(6) 高い {から / ので}、買わないことにした。
(7) 採用条件がいい {から / ので}、この会社に入った。

しかし、後件の述語が「だろう」「かもしれない」などの話し手の推測を表す場合や、聞き手に対する依頼や要請を表す場合には、ノデは使いにくいという違いがあります。

(8) 一時間前に会社を出た {から / ?ので}、太郎はもう家にいるかもしれない。
(9) 明日の朝は早い {から / ?ので}、今夜はもう寝なさい。

(8)と(9)のカラ節は、「今夜はもう寝なさい。明日の朝は早いから」「太郎はもう家にいるかもしれない。一時間前に会社を出たからだ」のように倒置することができますが、ノデ節はできません。

ただし、(8)(9)も、前件の文体の丁寧度が上がるとノデの容認度が高くなります。

(10) 1時間前に会社を出ました {から / ので}、山田さんはもう家にいらっしゃるかもしれません。
(11) 明日の朝は早いです {から / ので}、今夜はもうお休みください。

文体の丁寧度や後件の内容による違いはあるものの、一般にカラ節とノデ節は学習者にとってあまり難しくないようです。ただし、21課で取り上げるノダとの

混用による「一緒に帰りませんか」「??いいえ。忙しいんですから」のような不自然な表現はよく観察されます。

§2　逆接のケドとノニとガ

逆接は、「PならばQだ」に基づいた推論と後件が矛盾する場合です。「PならばQだ」、そして「Qではない」という事態の関係を逆接と言います。まず逆接を表す接続助詞のケドとノニについて考えます。

(12)　勉強した {けど / のに}、わからなかった。
(13)　練習した {けど / のに}、上手にならなかった。
(14)　太郎に頼んだ {けど / のに}、手伝ってくれなかった。

(12)と(13)は「勉強したらわかる」「練習したら上手になる」という一般常識的な条件文を前提にして予測したことと後件の事態が矛盾していることを表します。どちらも、ケド・ノニが使えます。

(14)は、ケドとノニに微妙な違いを感じます。背後の条件文は「太郎に頼んだら手伝ってくれる」となり、常識的な前提と帰結の関係ではありません。このような場合には、ケドよりノニのほうが自然です。その理由を考えましょう。ノニには、ケドと同様の逆接（条件文の後件と現実事態の矛盾）のほかに、次のような特徴があります。例を見てください。

(15)　せっかく作った {*けど / のに}、太郎は食べなかった。
(16)　一生懸命勉強した {?けど / のに}、受験に失敗した。

(15)では、作ったら太郎は食べるという論理あるいは常識は考えにくく、(16)も、一生懸命勉強したら必ず受験に合格するというわけではありません。このような条件文の後件は、話し手は前件に基づいてこうあってほしいと期待している事態を表します。現実がその期待に反した事態、つまり「太郎は食べなかった」「受験に失敗した」である場合に、ノニ節を使って話し手の期待に反した現実への不満や驚きを表します。ノニの使用によっては話し手の独りよがりや強い思い込みが表出することもあります。

ケドの後件は未完了の事態や未来の予測も可能ですが、ノニは現実の事態に基づくという制約があります。したがって、以下のようにノニの後件には話し手の意志や推量の表現は現れません。また、依頼や要請などの聞き手への働きかけを表す後件をつなぐこともできません。

(17) よく勉強した {けど / *のに}、明日の試験はだめかもしれない。
(18) 今日は休日だ {けど / *のに}、会社に行こう。
(19) 今日は結構がんばった {けど / *のに}、明日も練習したほうがいいよ。

このほかに、逆接を表す接続助詞のガがあります。主として書き言葉やフォーマルな話し言葉に現れますが、文体の違いを別にすると、基本的にはケドと同じようにふるまいます。

また、ケドとガには、狭い意味での逆接と考えられない使い方があります。

(20) 悪いけどそれ取って。
(21) すみませんが、それ取ってくださいませんか。
(22) 先日の件です {けど / が}、あれからご検討いただけましたか。

このようなケド・ガは、会話の開始時、あるいは話題を変えるときに現れるもので、ケド・ガが導く前件は後件と逆接の関係になっていません。英語の but で翻訳できない性質のものです。このようなケド節とガ節は、聞き手の注意を話し手自身に向けるための**談話展開機能**を持っています。談話については、25課で扱います。

§3 並列のシ

15課でテ形による並列接続を見ました。ここでは、より独立度が高い、並列接続の接続助詞シについて考えます。

(23) 昨日は、太郎に会って、次郎にも会った。
(24) 昨日は、太郎に会ったし、次郎にも会った。

この二つはどちらも、「太郎に会った」ことと「次郎に会った」ことを並列につなぎ、二つの出来事を、どちらかに焦点を当てることなく、同じように並べて描写していると解釈できます。

ただ、テ形接続の(23)は、昨日話し手が会った人物の単純な羅列ですが、(24)は、「だからどうだ」という帰結があるように聞こえます。たとえば、「昨日は、太郎に会ったし、次郎にも会った」が「忙しかった」「楽しかった」などの理由になっているような場合です。「昨日は、足は踏まれるし、財布は盗まれるし、散々だった」「疲れたし、おなかもすいたから、そろそろ食事にするか」などの使い方が可能です。話し手の主張は最後の部分、つまり「忙しかった」「楽しかった」「散々だった」にあり、シでつないだ出来事はその根拠の例示に過ぎません。例示ですから、「太郎に会ったし、次郎にも会ったし、三郎にもあったし、…」と延々と並列に続けることも可能ですし、一つでもかまいません。ただし、いずれの場合も、その出来事の羅列が何事かの原因や理由と解釈される点がテ形接続と異なります。

【練習問題1】
　次のやりとりのように、カラを使って後件なしで返答できる理由を考えてください。
1)　「まだ帰らないの？」「仕事が終わってないから…」
2)　「遊びに行かない？」「宿題があるから…」

【練習問題2】
　次のような接続助詞の表す関係を分析してください。
1)　彼が失敗したせいで、このプロジェクトは中止になった。
2)　手伝っていただいたおかげで、予定より早く完成しました。
（解答例は p.158 にあります）

第20課　モダリティーの表現

> ねらい：話し手が発話の場でどのように自身を表出するかを表すとされるモダリティーについて考えます。
> キーワード：モダリティー、話し手の心的態度、義務的モダリティー、認識的モダリティー、命題、推論、判断、推量、可能性、当為、義務、断定、発話意図、計算、確信、伝聞、様態、予兆、禁止、許可、忠告、勧告、意向、願望、問いかけ、命令、依頼、勧誘

§1　モダリティーとは

　話し手は、自らが叙述する出来事や事態をどのように捉えたか、聞き手を含む発話の場をどのように捉えたかをさまざまな方法で言語化します。受け身や授受の課で視点に関連した話し手による事態の捉え方を見ました。ここでは、話し手の事態の捉え方の表示に特化した言語形式について考えます。

　日本語学では、一般に話し手の主観を表す文法範疇を**モダリティー**と呼びますが、統一的な定義はありません。ここでは、仮にモダリティーを叙述内容と発話の場に対する**話し手の心的態度**を表す文法範疇とします。話し手の主観的な事態の捉え方の指標と考えてよいでしょう。

　言語学では、必要性の四つの論理的関係 (necessarily P, not necessarily P, possibly P, not possibly P) から派生した義務や許可などの意味を研究対象とします。論理的関係が表す必然性・可能性は**義務的モダリティー**（deontic modality）と呼ばれ、そこから派生した話し手の判断に関わるものは**認識的モダリティー**（epistemic modality）と呼ばれます。日本語は認識的モダリティーの言語表現が豊富で、近年の日本語学でも認識的モダリティー研究がさかんに行われています。

　一般に、日本語の文は叙述内容そのものを表す部分（**命題**）と話し手の発話時における主観的な捉え方を表す部分（**モダリティー**）からなり、意味的には、モダリティーが命題を包み込む構造を持つと考えられています。

（1）　|命題|　モダリティー

モダリティーは、命題内容に対する話し手の心的態度を表すものと、発話の場、特に聞き手に対する話し手の心的態度を表すものとに分かれます。たとえば、「雨が降りそうだね」では「雨が降る」が命題で、その内容に対する話し手の心的態度が変化の予測であることが「そうだ」に、また聞き手に同意を求める話し手の心的態度が終助詞「ね」に現れます。

§2　命題内容に対する話し手の心的態度

　命題内容に対する話し手の心的態度の表現は、二種類に分けられます。第一は、何らかの根拠をもとに**推論**した結果を表す**判断、推量、可能性**などです。第二は、社会的な規則や道徳意識などの価値観に基づいて捉えたことを表す**当為**や**義務**などです。

　まず、推論のモダリティーは、推論の根拠や証拠の性質によって下位分類できます。確たる証拠や根拠がある場合は**断定**になり、述語のル形が使われます。断定の言語的指標はゼロ形式と言ってよいでしょう。「太郎は試験に受かる」と言う話し手は、その事態が実現することに100％の責任を持つと表明したことになります。現実には、試験の結果を100％言い当てることは不可能で、断定的な物言いには、聞き手を反駁したい、聞き手を励ましたいなど、何らかの話し手の**発話意図**が感じられます。

　また、ある事態から'**計算**'して推論した結果にかなり**確信**がある場合は、ハズダ、ニ違イナイなどを使います。

（2）　太郎は試験に受かる{はずだ/に違いない}。

「受かるに違いない」は、「受かるはずだ」に比べて間違いがないという強い思い込みのニュアンスがあります。また、断定に比べると、「太郎は試験に受かるはずだ」はあくまでも推論であって、推論が外れても「試験に受かるはずだったのに…」のように却下する可能性を否定しません。

　次は、ある事態から推論を通してその帰結を推量する場合です。

（3）　太郎は試験に受かる{だろう/と思う}。

このように、命題にダロウ・ト思ウなどを付加します。このうち、「ト思ウ」は「なんとなく」という副詞と共起できることから明確な根拠がなくてもよく、仮に推論がはずれても話し手が責任を問われることはありません。

　また、実現の可能性はあるものの、そう高い確率ではないと捉えた場合は、次のようにカモシレナイとなります。

　（4）　太郎は試験に受かる<u>かもしれない</u>。

カモシレナイには、添加型とりたて助詞のモがありますから、太郎が試験に受からない可能性を否定しません。

　さらに、具体的な証拠の認識に基づく一連の推論の表現があり、証拠の性質によって使い分けます。まず、新聞やニュースなどの第三者を情報源とする**伝聞**ではソウダを使います。

　（5）　太郎が試験に受かった<u>そうだ</u>。

この場合、「〜によれば」「〜によると」「〜の話では」などで情報源を明示することもできます。「太郎が試験に受かった<u>らしい</u>」も可能ですが、ラシイには、第三者の情報そのままの伝聞ではなく、断片的な複数の情報を総合した結果を述べているニュアンスがあります。ソウダには「だれに聞いたの？」と情報源を問えますが、ラシイの場合はその限りではありません。

　また、五感で確認できる証拠から推論する場合もあります。たとえば、合格発表の掲示の前で胴上げしている学生を見て次のように言えます。

　（6）　試験に受かった {<u>ようだ</u> / <u>らしい</u> / <u>みたいだ</u>}。

ヨウダ・ラシイ・ミタイダは**様態**のモダリティー表現とされ、ミタイダはもっぱら話し言葉で使われます。

　何らかの事態の**予兆**が認められる場合もあります。たとえば、曇ってきた空を降雨の予兆と捉え「雨が降り<u>そうだ</u>」と言い、棚に載せた不安定な荷物を見て「落ち<u>そうだ</u>」と言います。眼前にある事態の予兆を認識し、緊迫した状況の変化を予測することを表します。「今にも」「すぐにも」などの副詞と共起します。予兆のソウダは伝聞のソウダと違い、「降りそうだ」「おいしそうだ」「元気そう

だ」のように述語の語幹につきます。

　学習者は、広義の推論のモダリティー表現を学習するとき、使い分けの前提となる証拠の状況判断を難しく感じるようです。

＊

　第二のグループのモダリティーに簡単に触れます。シテハイケナイ・シナクテハナラナイ・シナケレバナラナイは義務や**禁止**を表します。テハ・ナクテハ・ナケレバなどの条件を含む形式です。「法は遵守し<u>なくてはならない</u>」のように一般論としても、「もう行か<u>なくちゃならない</u>」のように話し手自身の行為についても使えます。シテモヨイ・シナクテモヨイは、聞き手への行為の**許可**を表します。「パソコンが使える」という可能の意味で「パソコンを使っ<u>てもよい</u>」と言うこともできます。

　当為を表すシタホウガヨイ・スルベキダ・スルコトダ・スルモノダは、話し手の価値観を反映した聞き手への**忠告**や勧告になります。スルホウガヨイは一般論としての比較を表しますが、シタホウガヨイは、タ形が「その状態になったら望ましい」という条件文を含意し、そこから忠告の意味が派生します。スルベキダ・スベキダ・スルコトダは一般論としてある行為の正当性や妥当性を表明することで、聞き手にその行為を勧告する表現です。「学生は勉強する<u>ものだ</u>」のモノダは、学生の本質やあるべき姿についての話し手の価値観や評価を伝えることで、聞き手の行動について勧告する表現です。

　話し手は、当為や義務のモダリティー表現を用いて、何らかの命題に対する自身の価値観を表明します。

§3　聞き手に対する話し手の心的態度

　聞き手に対する話し手の心的態度を表す表現は大きく二種類に分けられます。第一は、話し手自身の**意向**や**願望**などの話し手の内面の表出です。第二は、**問いかけ・命令・依頼・勧誘**などの話し手の聞き手に対する働きかけの表出です。

　話し手が聞き手の前であえて自身の内面を表出するのは、聞き手への伝達を目的とする場合です。断定の「行く」「行かない」は自らの行為への意志を表します。また動詞の意向形を使った「仕事に行こう」は独り言で意向を表し、聞き手に向かっては誘いかけになります。

　願望は、シタイで話し手自身の欲求を、シテホシイ・シテモライタイで他者の

行動への期待を表します。「行くつもりだ」は、話し手の確固たる意志というより、話し手の発話時点での心積もりを表します。これは、「まだまだ若いつもりだ」や「この宿題はしたつもりだ」のような使い方で、話し手の発話時点での信念を表すことからもわかります。スルツモリダは状況の変化によっては修正する可能性を残した、いわば可塑的な意志の表出と言えます。

ただし、願望と意思のモダリティー表現は話し手自身の心的態度の出で、聞き手の内面について問いかける以外は、第三者の内面の描写には使いませんから、「私」を言語化する必要がありません。

第二の聞き手に対する働きかけの典型は、問いかけや、シナサイ・シテクレ・シテクダサイなどの命令や依頼、シナイカ・シヨウカなどの勧誘です。聞き手に直接働きかけるという性質から、これらの使用には、敬語などの待遇表現、恩恵の授受表現、終助詞、イントネーションなど、広い意味での聞き手配慮が関わります。

【練習問題1】
　　次のような誤用を説明してください。
1)　*あ、このケーキはおいしいそうです。
2)　*太郎はおもちゃがほしいです。
3)　*私によれば、この本は面白いです。

【練習問題2】
　　次の表現を使い分ける状況を考えてください。
1)　「太郎は元気なようだ」「太郎は元気そうだ」
2)　「彼にはこの話をするつもりだ」「彼にはこの話をしたつもりだ」
(解答例はp.158にあります)

第21課　出来事の関連づけ——ノダとワケダ

> ねらい：話し言葉に頻出する文末形式のノダの機能を話し手の発話のイマ・ココにおける出来事の主観的な関連づけとして、同じような機能を持つとされる文末形式のワケダと比較します。
> キーワード：関連づけ、共同注意、主観的、会話の協調の原理

§1　ノダの基本的な機能——関連づけ

　待ち合わせに遅刻した場合に「すみません。事故がありました」と答えるより、「すみません。事故があったんです」と答えるほうが適切に聞こえます。「のだ」「のです」「んだ」「んです」（以下ノダ）などを使わずに話すように言われたら、円滑なコミュニケーションが維持できないだろうと思われるほど、日常会話にはノダを伴う発話が頻出します。

　日本語教育では、ノダは「説明」の機能を持つ文末形式と解説されることが多いのですが、学習者の発話には、知人に出会って「？どちらへ行きますか」と尋ねたり、具合が悪そうな人に「??病気なんですか」と聞いたり、欠席の理由として「？病気だったんですから」と答えたりする類のノダの誤用、あるいは使うべきところで使わない非用が観察されることが多く、ノダの習得の難しさがうかがえます。

　ノダについては、これまでさまざまな分析や解説がなされてきましたが、近年の研究の多くがノダの機能を**関連づけ**とする方向に向かっており、これが統一的な見解になりそうです。ここでも、ノダを話し手による関連づけを表示する文末形式として、その機能を考えます。

　従来、ノダは、形式的に文の名詞化の機能を持つ準体助詞ノに判定詞ダがついたモダリティーの形式とされ、その解釈は文脈に依存し、多様な意味と用法が指摘されています。〔　〕内はノダが使われる状況を示します。

（1）〔試験に落ちて〕難しすぎたんです。
（2）〔頼みごとをするときに〕あのう、お願いがあるんです。

（3）〔外の雨に気づいて〕あ、雨が降っていたんだ。
（4）「太郎の学校は中高一貫教育だ」「じゃあ、高校受験はないんだ」

　以上のノダの意味は、(1)は説明、(2)は前置き、(3)は気づき、(4)は言い換えと解釈されますが、ノダの中核的な機能を関連づけとすると、これらに統一的な解釈が可能になります。
　ノダによる関連づけはどのような性質のものでしょうか。たとえば、(1)には、二つの出来事あるいは事態が関わります。一つは、話し手が試験に落ちたという事実で、話し手と聞き手が発話の場で共有している情報です。もう一つは、発話の場では話し手だけがアクセス可能な情報、つまり、話し手が経験した試験の難易度です。話し手は、この二つの事態を**主観的**に関連づけ、話し手しか知りえない情報をノダによって発話の場に提供します。聞き手は、話し手が発話の場に新たに加えた情報を、話し手と共有している情報に関連させて解釈するというのがノダによる伝達の基本と考えます。
　このような情報の伝達を可能にするのが、グライス（P. Grice）の**会話の協調の原理**です。これは、話し手と聞き手は、基本的に、会話の場で相互に協力しながら情報伝達の実現を志向するということです。
　話し手は、発話の場のある出来事や事態をどのように把握したか、それをどのように評価したかなどを、協調の原理を前提に、聞き手と共有しようとします。そのためには、話し手と聞き手が発話の場で、同じものに注目し、同じ情報を共有している必要があります。発話の場で、話し手と聞き手が同じものに注意を向けることを**共同注意**と言います。
　話し手は、発話の場で、共同注意の態勢にある聞き手とさまざまな情報を共有します。そこで、話し手は、談話の場に存在しない情報を、名詞化機能を持つノによってひとまとまりにして、すでに聞き手と共有している何かの情報に関連づけて発話の場に導入します。ノダによって導入された情報は発話の場で話し手と聞き手の新たな共有情報になります。聞き手は、その新たな情報をそれ以前に話し手と共有している別の情報と関連づけるべく推論します。
　話し手によるこの二つの情報の関連づけは極めて主観的な性質のもので、その関連づけを示すのがノダの基本的な機能です。次のようにまとめられます。話し手は会話の場の情報と会話の場に存在しない情報を主観的に関連づけ、それをノダによって会話の場に導入し、その関連づけの解釈を共同注意の態勢にある聞き手に委ねます。

通常、二つの出来事の間には、原因と結果、理由と帰結などのP→Qの関係と、同じものが見る角度によって異なる側面から捉えられる場合のように、ある出来事がもう一つの出来事の言い換えであるP＝Qの関係があります。また、現実の世界では、原因と結果のような二つの状況の間の物理的な因果関係だけでなく、だれかの意図的な行動とそれによって引き起こされる何らかの事態との関係などさまざまな因果の連鎖があります。これらがノダによる関連づけの基本にあると考えます。

§2　ノダの語用論的効果と聞き手の理解

　ノダの機能の基本である関連づけは聞き手によってどのように理解されるでしょうか。聞き手は、共同注意の態勢で話し手と同じもの、あるいは同じ情報に注意を向けようとし、話し手が会話の場に導入した新たな情報とすでに共有する情報との関係を推論し、話し手の発話意図を理解しようとします。
　すでに述べたように、(1)は発話の場で話し手と聞き手が共有する情報（「話し手が受験に失敗したこと」）に、話し手自身のみがアクセス可能な情報（「試験の難易度」）を関連づけて、共同注意態勢にある聞き手に差し出します。聞き手は、この二つの情報の関係を因果関係であると理解し、そこから話し手の発話意図を釈明と推論します。
　(2)は前置きのノダです。「あのう」によって話し手は聞き手に共同注意を促します。その上で、新しい情報（「頼みごとがあること」）を提示します。聞き手は、共同注意を促された背景を理解し、そのあとに続くはずの依頼に備えます。(3)は、雨が降っていたことに聞き手の共同注意を促し、聞き手は話し手の認知状況の変化（「雨に気づいたこと」）を推論します。
　前置きや注意と呼ばれる用法は、ノダが同じような条件の発話の場で繰り返し使われることを通して慣習化されたものと考えます。また、(4)は言い換えです。直前の情報（「中高一貫教育」）を異なる側面（「高校受験がない」）から解釈した結果で、P＝Qの関連づけの表出です。上の用法はいずれも、ノダの基本的な関連づけの例であり、共同注意態勢にある聞き手であれば推論可能な性質のものです。
　ノダには次のような使い方もあります。

（5）〔結婚に反対されて〕結婚する。絶対するんだ。

(6) 〔遊んでばかりいる子供に〕勉強する<u>んです</u>よ。

　通常、(5)は決意表明、(6)は命令と説明されますが、これらはノダの基本的な関連づけから逸脱したように思えます。(5)は、話し手が直前に断定した情報(「結婚すること」)をノダによって重複させており、いわゆる同義反復(P = P)になります。聞き手にとって二つ目の情報に新しさはありません。聞き手は、あえて古い情報が重ねられたことを話し手の確信の強さと解釈すると考えます。
　(6)の場合、遊んでいる子供は、会話の場にノダによって新しく加えられた情報(「学ぶこと」)が関連づけられているのが自身の状況(「遊んでいること」)であることを推論し、話し手の発話意図が自身に向けられた評価であると解釈すると考えます。このように、一見逸脱に見える用法も、実はノダの本質的な関連づけを拡張した使い方なのです。
　しかし、聞き手の解釈が常に成功するとは限らず、話し手の発話意図の理解に成功する場合もしない場合もあります。何らかの理由で適切な理解に至らない場合には、聞き手はノダの使用を不自然だと判断することになります。冒頭の学習者のノダの非用の例は、学習者が二つの情報の主観的な関連づけを表示しなかったことによる不自然さであり、「〜んですから」の誤用は、理由を表すカラダの存在がノダの関連づけの解釈を阻んでいることによるものでしょう。
　聞き手に共同注意を促すことが可能かどうか、また聞き手が共同注意の態勢にあったとしても、話し手が主観的に聞き手の内面(私的な行動や体調など)に踏み込むことが可能かどうかは、話し手と聞き手の人間関係や発話の場の属性に依存します。その意味で、ノダによる関連づけは、聞き手への配慮や待遇表現に関わる問題を含んでいます。

§3　ノダとワケダ

　ノダと同じように関連づけの機能があるとされるワケダについて考えます。ワケダのワケは理由という意味の名詞ですが、実質名詞としての意味が希薄になり、形式名詞化したものに判定詞「だ」がついたものです。
　ワケダには、基本的に三つの使い方があります。まず、話し手がある情報Pに別の側面からの解釈Qを提供する場合、第二は、話し手が与えられた情報Pからその当然の帰結Qを推論する場合、第三は、情報Qを認識したあとに、もう

一つの情報Pが与えられ、その二つの情報の間にP→Qという因果関係を認めた場合です。

（7）は第一の場合で、ノダ同様、言い換え（P＝Q）になります。ノダに置き換えることが可能です。

（7）「卒業したら就職するよ」「いよいよ君も社会人になる{わけだ/んだ}」

(8)と(9)は第二の場合の例です。ワケダの関連づけは計算を伴う、PからQへの論理的な推論によるものですから、主観的な関連づけのノダに置き換えるとニュアンスが異なります。

（8）あ、一万円札がいつのまにか500円になっている！ 9500円も使っちゃった{わけだ/んだ}。
（9）「小学二年から中学二年まで両親とアメリカにいたんだ」「じゃ、六年も英語で生活していた{わけだ/んだ}」

(10)と(11)は第三の場合ですが、ノダに代えることはできません。

（10）「花子は嬉しそうだね」「婚約したらしいよ」「道理で幸せな{わけだ/*のだ}」
（11） なんだか寒い。あ、窓が開いている。道理で寒い{わけだ/*のだ}。

会話の場あるいは内言の場で、話し手はまず一つの情報（「花子の様子」「寒さ」）を認識します。そこに、新しい情報（「花子の婚約」「窓の状態」）が与えられて、その二つの情報の間にP→Qという因果関係を認めたということをワケダで表します。納得したことを表す副詞の「道理で」と共起し、その因果関係は、話し手がだれかを問わず客観的に認められるような関係です。主観的な関連づけのノダで言い換えることはできません。

ワケダとノダのもう一つの違いは、客観的な関連づけを表すワケダは(12)のように、発話の場と話し手しか知りえない情報との関連づけを表すことはできないということです。

（12）「眠そうだね」「夕べ徹夜してレポートを書いた{んだ/*わけだ}」

言うまでもなく、ワケダは、ノダの主観的な関連づけの派生的な解釈である前置き、決意、命令などにも使えません。

　以上のように、二つの情報の関連づけの機能を持つとされるノダとワケダには、話し手の主観性の点で違いがあります。ノダは、話し手の主観的な関連づけの指標と言うことができます。

【練習問題1】
　医者は、明らかに具合の悪そうな患者に対しても、「?? どうしたんですか」ではなく「どうしましたか」と言いますが、それはなぜでしょうか。

【練習問題2】
　「忙しいですから」と「忙しいんですから」はそれぞれどのような場面で使いますか。
（解答例は p.159 にあります）

第22課　終助詞

> ねらい：話し手は、どのように出来事を捉え、それをどのように聞き手に伝えたいかを、文末の終助詞などによって調整します。ここでは、よく使われる終助詞ネ、ヨ、ヨネを中心に考えます。
> キーワード：終助詞、性差、地域差、直接引用節、発話意図

§1　終助詞の機能

　ノダと同様に日常会話から「ね」「よ」「よね」「な」などの**終助詞**をなくすと、伝達に支障をきたす恐れがあります。「いい天気ですね」ではなく「いい天気です」、「そこに段差がありますよ」ではなく「そこに段差があります」と言われたら、聞き手は一瞬反応に戸惑うことでしょう。

　終助詞は、「か」「よ」「ね」「ねえ」「な」「なあ」「ぜ」「ぞ」「わ」など、文末に現れる助詞です。また、二つ以上連続して現れることも普通で、連続には順番があります。たとえば「行くよね」「行くかなあ」「行くかよ」「行くわよね」などで、順番を替えることはできません。

　終助詞は日本語の会話で円滑なコミュニケーションを実現する上で、ノダとともに不可欠な要素です。近年になって日本語教育でも、会話に不可欠な要素として終助詞の指導に配慮するようになりましたが、学習項目として確立しているとは言いがたく、学習者にとって習得が難しいものです。

　終助詞は、発話内容に対する話し手の態度を表すものと聞き手に働きかけるものとに大別されます。また、助詞の使用には**性差**や**地域差**があると言われます。近年、日本語学の分野では、モダリティーに関連させる形で終助詞の研究もさかんに行われています。

　終助詞も、ノダ同様に聞き手の存在を前提とします。独り言の場合は、話し手自身を聞き手に想定していると考えてよいでしょう。また、不特定の人に向けた発話のようにして、実はそこにいる誰かを目当てに発話し、その人の反応を期待している場合もあります。ノダ同様に、終助詞の適切な解釈のためには、話し手と聞き手は共同注意の態勢にある必要があります。

発話内容に対する話し手の態度を表す終助詞の典型はカでしょう。カは、話し手が、文が表す命題の真偽を判断できない、あるいは判断していないということを表します。文末に現れる場合は、質問文や疑問文になります。また、カには文中の要素としての疑問節を表示する機能もあります。「*太郎はいつ大学に来ましたかと聞きました」ではなく「太郎がいつ大学に来たか聞いた」のように、質問を表す節を「聞く」「知る」などの動詞の補部として文中に埋め込む場合に、カは埋め込まれた節の終わりを示します。この機能はカに特徴的なものです。ただし「太郎は、「いい天気 {だね / だなあ / だよ / だよね}」と言った」のような**直接引用節**に終助詞が現れることはあります。

　聞き手に対する働きかけの終助詞は、聞き手に対する情報の伝え方、あるいは**発話意図**の表示と考えてよいでしょう。終助詞は、話し手の発話意図に基づいて、概ね次のように分類されます。

表1　発話意図と終助詞

断定を表す	さ、わ
疑問を表す	か、かい、かな、かしら
聞き手に確認したり、同意を求めたりする	ね、ねえ、な
聞き手に情報を提供する	よ、ぜ、ぞ
何かに感心したり感動したりしたことを表す	なあ、わ

　なお、「あのさ、昨日さ、太郎がね、学校にね、来たときにね…」などのように、ネやサを文の要素の切れ目に入れて、話し手が聞き手に共同注意の維持を促すこともあります。

　文末が上昇イントネーションを伴う場合は、終助詞カの必要がないことも知られています。「明日来ます?」「明日いらっしゃる?」などがその例です。イントネーションと終助詞の関係は大変興味深い問題ですが、この本では音声には踏み込みません。以下、終助詞研究の中心であるネ、ヨ、ヨネについて具体的に見ていきます。

§2　ネ

　ネは、話し手が聞き手に何かを確認したり同意を求めたりする場合に使われま

す。

(1) A: いい天気です<u>ね</u>。　　B: そうです<u>ね</u>。
(2) A: 今日は授業があります<u>ね</u>。　B: え、そうです<u>か</u>。
(3) A: 太郎は小学生です<u>ね</u>。　　B: いいえ、中学生ですよ。

(1)では、Aは、Bが知っているはずの情報についてBの同意を求めています。このような場合には、AもBもネを使わないと、伝達に支障をきたします。言うまでもなく、いい天気であることはAとBが会話の場で共有している情報で、新しさはありませんが、それを確認することを通してAはBに共同注意を促したり、BはAに対する共感を表明したりすることができます。このような場合のネは、対人コミュニケーション上必須の要素です。
　(2)と(3)では、Aは(1)と同様に、Bも同じ情報を共有していると考え、それを確認したにもかかわらず、Bから確認や同意が得られない場合です。(2)では、Bがカを使っていることから、Bはその情報を知らなかったことが伝わります。(3)でも、Bの確認や同意は得られず、逆にBが情報を訂正しています。
　次の例は、話し手が聞き手に関する情報について確認する場合です。

(4) A: あした、いらっしゃいます<u>ね</u>。　B: はい、参ります(*<u>ね</u>)。

Aは、Bの翌日の行動についてネで確認を要求しています。確認の対象はBに関わる情報で、Bの縄張りに属します。自分自身の縄張りの情報の確認に「はい、参ります<u>ね</u>」と返答するのは、BがAに確認を求めることになり、不適切になります。このような場合には、ネは使いません。(1)～(4)から明らかなように、ネの使用・不使用は、伝達内容の情報がだれの縄張りに属するかにも関わります。
　ネは上の基本的な使い方以外にも、共同注意や共感を促す目的で使われることがあります。

(5) A: 太郎は来ますか。
　　B: ええと、あ、{来ます / 来ます<u>ね</u>}。
(6) A: 次はいつ来られますか。
　　B: ええと、来週の週末 {です / です<u>ね</u>}。

終助詞　125

（7） A： お住まいはどちらですか。
　　　 B： 三鷹 {です / *ですね}。

　(5)も(6)も(7)も、Aは自身で判断できない情報についてBに問い合わせています。(5)と(6)では、Bはネを使って答えられますが、本来なら、(7)のように「来ます」「週末です」が期待されます。(5)(6)と(7)の違いには、「ええと」という表現がヒントになります。(5)と(6)では、Bは質問に即答していません。スケジュールを確認する、記憶をたどるなどの手順を踏んで答えを探索し、その結果にネをつけています。一方(7)は、自身の住所や名前などBの縄張りの中核にある情報についての質問ですから、「ええと」で検索するような情報ではありません。上の(4)も同様のケースです。

　このように、自身の縄張りの中核にある情報ではなく、検索する必要がある情報のやりとりの場合は、返答にネをつけることで、Bは、共同注意の態勢を維持していることと、その答えに対する相手の反応を待つことを伝えることができます。(5)と(6)の場合にも、Bの返答のあとに再びAが発話することが予想されます。このように、ネの使用には、情報の縄張りと共同注意の概念が関わっています。

§3　ヨとヨネ

　次に、ヨについて考えます。(3)を再掲します。

（3） A： 太郎は小学生ですね。　B： いいえ、中学生ですよ。
（8） A： そこに段差があり {ます / ますよ}。　B： あ、どうも。
（9） A： 太郎は来ていますか。　B： いいえ、まだ {です / ですよ}。

　まず、(3)では、Bは、ヨで新しい情報を提示することによって、Aが確認しようとしていること（「太郎が小学生であること」）が現実と異なるということにAの注意を向けさせています。また、(8)では、Aは、ヨによって、段差に気づいていないBに段差への注意を促し、聞き手に共同注意の態勢をとらせています。さらに(9)でも、Bはヨを使うことで、(3)と同じように、現実がAの期待（「太郎が来ていること」）と反していることにAの注意を向けています。

いずれの場合も、ヨがなくても伝達に支障はないことから、ヨは必須の要素でないことがわかります。ヨの基本的な機能は、相手が知らない情報を提示して、その情報に相手の注意を向けさせることです。ヨによってあることに注意を向けさせたあとのやりとりは、話し手と聞き手の共同注意をもとに進められます。
　学習者には、(10)のBようなヨの誤用が観察されることがあります。

(10)　A：　明日来ますか。　B：　??はい、来ますよ。

Aには、ヨを使った返答は押しつけがましい印象を与えます。この押しつけがましさはBの意図するものではありません。これはBが相手の知らない情報を提供するヨの機能については理解していても、相手に共同注意を要請する機能についての理解が十分ではないことによると思われます。
　次に、ヨネについて考えましょう。ヨネについては、ヨとネの単純な足し算のような機能、つまり相手の注意を喚起したのちに共同注意の態勢を確認するという分析もありますが、実際の使い方は、ヨとネを分割せずにヨネを一つの終助詞と見る方向を示唆しています。それは、ヨネが一番適切に感じられるのは、次のように話し手自身が情報の不確かさを表明するような場合で、相手の知らないことに注意を促したのちに共同で確認するという解釈が当てはまらないからです。

(11)　はっきり覚えていないんだけど、明日の授業は、休講だ{よね/?ね/*よ}。
(12)　たしか太郎は京都の出身だった{よね/*ね/*よ}。

ヨネを一つの終助詞として、ネの典型的な文脈の(1)とヨの典型的な文脈の(3)を使って、ヨネをヨとネと比べてみます。

(1′)　A：　いい天気ですね。
　　　B：　{そうですね/そうですよね/*そうですよ}。
(3′)　A：　太郎は小学生ですね。
　　　B：　いいえ。{?中学生ですね/*中学生ですよね/中学生ですよ}。

このような例から、ヨネはヨより、むしろネに近く、ヨネのヨにはヨ本来の機能がないことが確認できます。
　以上、終助詞の研究の中心であるネ、ヨ、ヨネに簡単に触れましたが、文末表

現は、終助詞以外のジャナイカ、ダロウなども含めて、研究途上にあり、最終的な分析は、今後の研究の成果を待たなければなりません。

【練習問題1】
　次の会話の下線のついた終助詞の使い方を考えてください。
A：　昨日あった人、名前は何だったっけ？
B：　ええと、何だったかなあ。

【練習問題2】
　「じゃない」で終わる文は学習者の理解を妨げる場合があります。次の例を使って、その理由を考えてください。
1)　それきれいじゃない。
2)　昨日、言ったじゃない。
（解答例はp.159にあります）

第23課　待遇表現——敬語

> ねらい：聞き手との関係や話題の人物などに配慮して使う待遇表現には、話し手の会話の場に対する評価が反映します。そのうち、話し手の敬意を表す敬語の体系を考えます。
> キーワード：待遇表現、敬語、相対敬語、絶対敬語、対者敬語、素材敬語、文体、普通体、丁寧体、丁寧語、距離感、上下関係、ウチとソトの概念、文体の切り替え、尊敬語、謙譲語1、謙譲語2、丁重語、美化語

§1　対者敬語と素材敬語——普通体と丁寧体

　これまで、話し手がある事態や出来事をどのように捉えたかを言語化する指標について見てきました。ここでは、話し手が発話の場でどのように自分自身を表出するかについて考えます。親しい友人同士で会話しているときと職場や会議中などではだれでも言葉遣いが違うように、私たちは、会話の場の改まり度や自分と聞き手との関係、話題に応じて言葉を使い分けます。このように場に応じて使い分ける表現を**待遇表現**と言い、丁寧な話し方からぞんざいな話し方までいろいろな種類があります。中でも会話の場の改まり度や聞き手や話題に対する話し手の敬意を表すものを**敬語**と呼びます。
　敬語は、人間関係や会話の場の状況に対する話し手の気持ちを表現するものですが、日本語の場合、固定的ではなく、あくまでも話し手がその場その場で自分自身をどのように表現したいかによって使い分けるものです。話し手が、聞き手、話題に登場する人物、第三者の有無、場の改まり度などに基づいて相対的に自身を位置づけて選択するもので、日本語の敬語は**相対敬語**と呼ばれます。これに対して、韓国語のように年齢や社会的距離でどの敬語を使うかが決まっている場合は、**絶対敬語**と呼ばれます。
　敬語には、話し手と聞き手との人間関係に基づくものと、話し手と話題に登場する人物との関係に基づくものがあり、前者を**対者敬語**、後者を**素材敬語**と呼びます。
　対者敬語は、聞き手に対する敬意を表すもので、主として**文体**に現れます。「明

日来る？」と「明日来ますか」を比べると、「来る？」のような文体を**普通体**、「来ますか」のような文体を**丁寧体**と呼びます。普通体はダ・アル体、丁寧体はデス・マス体と呼ばれることもあります。聞き手に対する敬意を表すために文末に使う語を**丁寧語**と呼びます。丁寧語には、「です」のほかに「（で）ございます」もあります。「です」よりも改まった丁重な表現になります。

　会話で普通体を使うか丁寧体を使うかは、話し手が聞き手にどのような**距離感**を持っているかに依存します。この場合の距離には、社会的な**上下関係**だけでなく、**ウチとソトの概念**が関係します。

　ウチとソトは、話し手が自身の人間関係の中で、ある人を自身に近いとみなす（ウチ）か、自身から遠いとみなす（ソト）かを区別する概念です。究極のウチは話し手自身ですが、会話の場では、話し手と聞き手との関係によって、話し手の家族や友人、また、話し手が所属する集団や組織の成員もウチとして扱うことがあります。ウチかソトかは固定された概念ではなく、話し手が会話の場で判断するものです。

　通常、普通体は、上下関係にもウチ・ソトの関係にも距離がないと判断したときの文体です。会話の場に配慮し、かつ聞き手に距離感を持って聞き手をソトと認める場合には、丁寧体を使うのが普通です。

　ただし、話し言葉の文体も固定したものではありません。丁寧体会話で始まった人間関係が、親しさが増すにつれてしだいに普通体を使用する関係に移行していくことがよく観察されます。また、話し手は、会話の場の条件や話題によって、同じ会話の中で**文体を切り替える**ことも知られています。たとえば、ウチとみなして普通体で話し始めた聞き手に対して、会話の途中で丁寧体に切り替えることで心理的な距離を示す場合も、またその逆の場合もあります。文体の切り替えは話し言葉をダイナミックなものにしています。

§2　尊敬語・謙譲語・美化語

　話題に登場する人物に対する話し手の敬意を表す素材敬語は、大きく**尊敬語**と**謙譲語**に分かれます。

　尊敬語は、話題の人物を高める表現です。話題の人物を高める言語手段には、その人の行為を高める表現、その人の属性を高める表現、その人の置かれた状態を高める表現があります。

「お客様がいらっしゃいました」「田中さんのお父様がその本をお書きになりました」の「いらっしゃる」「お書きになる」という表現は、話題の人物の行為を高める表現で、それぞれ「お客様」と「田中さんのお父様」に対する敬意を表します。これには、「いらっしゃる」「おっしゃる」「召し上がる」などの特別な敬語動詞のほかに「お書きになる、お読みになる、お使いになる」のように「お＋動詞の語幹＋になる」の形で動詞から作られるもの、また「書かれる」「読まれる」「使われる」のように形態の上では受け身と同じ形になるものがあります。

（１）　相手の行為を高める尊敬語
　　　　特別な尊敬動詞：いらっしゃる、召し上がる、おっしゃるなど
　　　　お / ご＋動詞語幹＋になる：お書きになる、ご覧になるなど
　　　　不規則動詞：来られる、されるなど
　　　　子音動詞＋are-ru / 母音動詞＋rare-ru：書かれる、教えられるなど

また、話題の人物の属性や状態を高める表現を用いて、話題の人物への敬意を表すこともできます。「先生はお忙しいです」のように「お＋形容詞」を使ってその状態にある「先生」に、また「お客様のお名前とご住所は？」のように「お /ご＋名詞」でその所有者である「お客様」に対する敬意を表すことができます。この場合、原則的に「お＋和語」「ご＋漢語」になります。

（２）　相手の属性や状態を高める尊敬語
　　　　名詞：　お / ご＋名詞：お名前、ご住所、など；〜さま、どなた、そちらなど
　　　　形容詞：お＋形容詞：お忙しい、お若いなど

一方、謙譲語は、話題の人物に向けた話し手自身の行為や事態について、自身を低めることによって相対的に相手を高める効果をもたらす敬語です。「伺います」「お目にかかります」などの相手に向かう話し手自身の行為を低める謙譲動詞や「お荷物をお持ちします」「ここでお待ちします」「わたくしがご説明します」のように「お＋動詞語幹＋する」「ご＋スル動詞」の形があります。

（３）　謙譲語
　　　　特別な謙譲動詞：伺う、参る、おるなど
　　　　お＋動詞語幹＋する：お待ちする、お持ちするなど

ご＋スル動詞：ご相談する、ご案内する

いずれも、だれかに対する自身の動作を低めることで相対的にその相手を高める表現ですから、動作の向かう相手がいることが前提条件です。「歩く」「使う」など、相手が必要ない話し手自身の動作については、謙譲語を使うことができません。学習者が丁寧に話そうとして「*駅までお歩きしました」「*きのうパソコンをお使いしました」のような文を産出することがありますが、これは謙譲語の使用が前提とする相手の存在という条件を満たしていないことによる誤用です。

しかし、相手に向かう行為でなくても、次のような場合には謙譲語を使います。「明日、海外に出張いたしますので、戻りましたら、またご連絡さしあげます」の「出張いたします」は相手に向けられた行為ではありません。「明日は自宅におりますので、ご連絡ください」の「おります」も相手に向けられた行為ではありません。このような使い方は、行為の相手ではなく聞き手に対して話し手が自身の行為を改まって述べるもので、**丁重語**と呼ばれることがあります。ここでは、先の謙譲語を**謙譲語1**として、**謙譲語2**と呼びます。「参る」「申す」「おる」「いたす」などは、謙譲語1としても謙譲語2としても使うことができます。

謙譲語2は、話し手自身の行為だけでなく、話し手のウチの関係の者の行為についても使われます。「昨日、兄が上京してまいりまして…」「この春、子供が大学に進学いたしました」の「まいります」「進学いたします」がそれです。さらに、第三者の行為についても使うことができます。たとえば「バスが参りましたので、出発いたしましょう」「だんだん暗くなって参りました」の「参りました」がその例です。いずれも、話し手が自身の話し方を丁重にすることで聞き手に対する敬意を表すものですから、謙譲語2は対者敬語です。

最後に**美化語**を紹介します。「お酒」「ご飯」「お電話」「お菓子」「お土産」などの「お/ご＋名詞」で、「お茶を飲みましょう」「おすしを食べました」「和食のお店に行きました」のように、名詞に「お/ご」をつけた丁寧な表現です。これも話し手が自身の話し方を丁寧で美しいものにしようと意識して使う表現ですから、尊敬語の場合の所有者への敬意の表現とは異なり、したがって、素材敬語ではありません。また、美化語は「お菓子が食べたいなあ」「お土産を買わなくちゃ」のように独り言でも使われますので、対者敬語でもありません。狭義の敬語の体系からは外れています。

ここで、敬語を表1のようにまとめます。

表1　敬語の分類

広義の敬語	狭義の敬語	素材敬語	尊敬語
			謙譲語1
		対者敬語	謙譲語2（丁重語）
			丁寧語
			美化語

　素材敬語と対者敬語は対立した概念ではありません。話題の人物と聞き手が一致する場合は、聞き手との距離によって尊敬語と丁寧体の組み合わせだけでなく、尊敬語と普通体の組み合わせもよく使われます。「何時ごろいらっしゃいますか」「昨日お宅にいらっしゃいましたか」「何を召し上がりますか」などは尊敬語と丁寧体の組み合わせです。話し手が、話題の人物（＝聞き手）の行為を高めて敬意を表しつつ、聞き手との距離を意識していることが現れています。

　一方、「何時ごろいらっしゃる？」「昨日、お宅にいらした？」「何を召し上がる？」などは尊敬語と普通体の組み合わせです。話し手は、尊敬語によって話題の人物（＝聞き手）の行為を高めて敬意を表しながら、普通体によって聞き手を自身に親しい間柄（ウチ）と捉え、距離がないと判断したことを表しています。

　尊敬語と普通体を組み合わせた話し方は、通常、話し手が社会的関係で自身と同じか下の親しい聞き手に対して用いるもので、聞き手に対する社会的上下関係の意識を明示することにつながり、実際の使用には注意が必要です。

§3　恩恵の授受の敬語形

　9課で解説した授受動詞にも次のような敬語表現があります。

表2　授受動詞の敬語表現

授受動詞	授受動詞の敬語形
あげる	さしあげる
くれる	くださる
もらう	いただく

　母語によって多少の違いはありますが、学習者にとって日本語の敬語の体系は習得が難しいものです。また、授受動詞の敬語はさらに難しさを感じる学習項目の

ようです。すでに解説したように、授受動詞の使い分けには、話し手の視点が関与します。また、敬語は上に述べたように、ウチとソトの概念が関係します。これらが組み合わさるとどうなるでしょうか。

　（４）　姉が大学の先輩にお礼の品をさしあげた。
　（５）　兄が父の知人に就職先を紹介していただいた。
　（６）　先生が推薦書を書いてくださった。

　(4)の「さしあげる」はアゲルの敬語形ですが、アゲルは与え手である主語に視点があり、話し手のウチからソトへのモノの移動や恩恵の方向性を表します。その敬語形は、モノや恩恵の移動先への話し手の敬意を表す表現で、謙譲語です。また、(5)の「紹介していただく」の「いただく」はモラウの敬語形です。モラウは受け手である主語に視点があり、話し手のソトからウチへのモノの移動や恩恵の方向性を表します。その敬語形は、移動元への話し手の敬意を表す表現で、これも謙譲語です。一方、(6)の「書いてくださる」の「くださる」は、クレルの尊敬形です。クレルの主語は与え手で、受け手（話し手のウチ）に視点があり、話し手のソトからウチへのモノの移動や恩恵の方向性を表しますから、その敬語形の「くださる」は尊敬語です。

　この敬語と授受動詞のメカニズムの理解は日本語学習のハードルになっており、「#○○先生、お荷物を持ってさしあげましょう」や「#○○さん、飲み物を買ってきてさしあげましょう」などの学習者の誤用が見られます。これも丁寧に話そうとしてのことだとわかりますが、母語話者なら「お荷物をお持ちしましょう」や「飲み物を買って参りましょう」のように、授受動詞の敬語形ではなく、尊敬語や謙譲語を使うところです。

　ただし、最近では、母語話者にも敬語を適切に使用できない人が増えたと言われます。また、ファーストフード店やファミリーレストラン、スーパーマーケットやコンビニなどで接客の際に本来の敬語使用を逸脱した表現を耳にすることが多く、敬語の乱れを懸念する声が聞かれます。敬語の使用には、発話の場の改まり度、聞き手との相対的な関係、話題の性質などに配慮しつつ、ウチとソトを瞬時に判断することが要求されますから、学習者だけでなく母語話者にとっても難しいものになっています。

【練習問題1】
　次の敬語の種類を考えてください。
1)　明日、先生の研究室にご相談に参りたいのですが。
2)　先日、出張で九州に参りまして。これ、つまらないものですが。
3)　いつお着きになりましたか。

【練習問題2】
　次の二つの文の違いを考えてください。
1)　この仕事は、社長が頼まれました。
2)　この仕事は、社長に頼まれました。

（解答例は p. 160 にあります）

コラム6: ポライトネス

　敬語や待遇表現に関連してポライトネスという用語を耳にすることが多くなりました。これは、言葉の使い方を研究対象とする語用論の用語ですが、ここでは、最もよく知られているブラウン＆レヴィンソン（1987）（以下B＆L）の理論を簡単に紹介します。

　B＆Lは、待遇表現の基本にフェイス（face）の概念を援用します。フェイスとは、対人コミュニケーションの場で、私たちが自身をどのように表現したいかという欲求（want）だとしています。面子と訳されることもあります。言語による行為は必ず相手に何らかの影響を与えることになりますから、話し手は自身と聞き手のフェイスに配慮（顧慮）しつつ、どのように述べるかを選択します。

　フェイスには二種類あると言われます。一つはポジティブ・フェイスで、「相手によく思われたい」という欲求です。もう一つはネガティブ・フェイスで、「相手に何かを押しつけたり相手を妨げるようなことはしたくない」という欲求です。ポジティブ・フェイスは、聞き手との連帯や友好的関係の方向へ向かい、ネガティブ・フェイスは聞き手に干渉しない方向へ向かう欲求です。

　たとえば、何かを依頼する行為は、聞き手のネガティブ・フェイスを脅かしかねません。また、会議などで反対意見を述べる行為は、聞き手のポジティブ・フェイスを脅かすかもしれません。謝罪は、話し手自身のポジティブ・フェイスを脅かし、謙遜は、話し手のネガティブ・フェイスを脅かすことになるかもしれません。私たちは、このようなフェイスを脅かす行為（Face Threatening Act、以下FTA）をしないように配慮して意思伝達を行います。

　FTAの大きさ、つまりフェイスの侵害の度合いは、聞き手との社会的力関係（P）、聞き手との心理的距離（D）、依頼や申し出などの行為のある文化・社会における負荷（W）の総和であるとします。

　話し手は、FTAの大きさに応じてさまざまなポライトネス・ストラテジーを選択します。ポライトネス・ストラテジーは「率直に言う」「ポジティブ・ポライトネス」「ネガティブ・ポライトネス」「言外にほのめかす」「FTAをしない」の五段階からなり、話し手はその場その場でストラテジーを選択します。

　ポジティブ・ポライトネスはポジティブ・フェイスを尊重する方略、ネガティブ・ポライトネスはネガティブ・フェイスを尊重する方略です。聞き手への配慮で言うと、「率直に言う」が一番低く、一番高いのが「FTAをしない」です。日常生活の言語によるコミュニケーションでは、私たちは発話の場の要素に基づい

て常にストラテジーの選択を迫られていることになります。この理論では、内容を問わず、何かを言うこと自体すでに FTA になり、結局何も言わないのが究極のポライトネスだということになるのかもしれません。

第 24 課　指示語

> ねらい: 指示語は、話し手が話の現場や話題の要素を自身と聞き手との関係に基づいて位置づける表現です。話の現場の要素を指し示す現場指示用法と談話の要素を指し示す文脈指示用法があります。
>
> キーワード: コソアド、指示語、現場指示、文脈指示、直示表現、対立型、融合型、語り

§1　指示語

「これ」「それ」「あれ」「どれ」、「ここ」「そこ」「あそこ」「どこ」などの通称**コソアド**は、話し手が話の現場の要素や文脈中の話題の要素を指し示すときに使う表現で、**指示語**と呼ばれます。指示語には、話の現場（イマ・ココ）の要素を聞き手との関係で位置づける**現場指示**の用法と、文脈中に現れた話題の要素を指し示す**文脈指示**の用法があります。たとえば「<u>これ</u>、何ですか」「<u>あれ</u>を見てください」の「これ」「あれ」は現場指示の例で、「この間の<u>あの話</u>、どうなりましたか」、「昨日田中さんに会いましたよ」「<u>その人</u>、どんな人ですか」の「あの話」「その人」は文脈指示の例です。どちらも、基本的には、話し手と聞き手の物理的および心理的な領域また縄張りの概念に基づいて決まります。

二つの用法について考える前に、指示語を表1のように整理します。指示語は複数の品詞にわたって現れるので、通常コソアドのまとまりで捉えます。コソアで始まる語は形態的に規則的な体系をなしています。また、指示対象が不明の場合は、ドで始まる疑問語になります。

表1 コソアド

品詞		指示語			疑問語
		コ系	ソ系	ア系	ド系
名詞	（モノ）	コレ	ソレ	アレ	ドレ
	（トコロ）	ココ	ソコ	アソコ	ドコ
	（方向）	コチラ、コッチ	ソチラ、ソッチ	アチラ、アッチ	ドチラ、ドッチ
連体詞		コノ	ソノ	アノ	ドノ
		コンナ	ソンナ	アンナ	ドンナ
副詞		コウ	ソウ	アア	ドウ

§2 指示語の現場指示用法

　話の現場（イマ・ココ）に存在する要素の指示は、話し手と聞き手と指示されるモノの三者の関係によって決まります。14課で、表現の解釈が話の場の状況に依存して決まるダイクシス（直示性）に触れましたが、指示語も、話の場の状況によって何を指し示すかが決まる**直示表現**です。直示表現には、指示語のほかに、「昨日」「今日」「明日」「今」、「私」「あなた」などがあります。

　現場指示の場合、話し手の話の現場の捉え方が二通りあります。まず、一つは、聞き手の領域を物理的にも心理的にも自身の領域と対立させて捉える場合で、**対立型**と呼ばれます。もう一つは、聞き手の領域を自身の領域と対立させず、むしろ一体化させて捉える場合で、**融合型**と呼ばれます。

　三上(1970)に基づいた図を用いてみましょう。

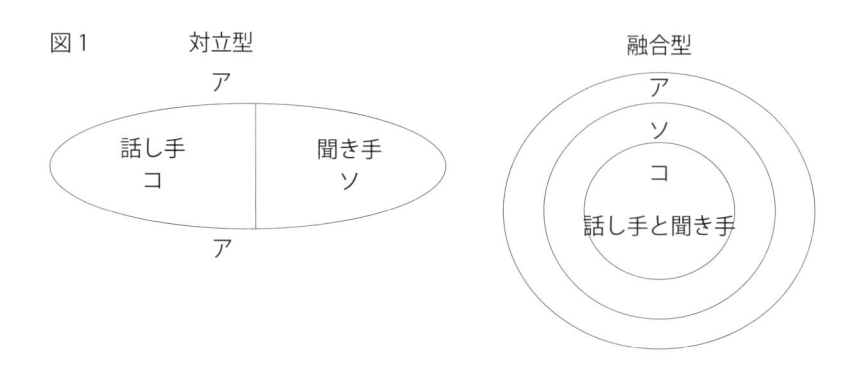

図1　　　　対立型　　　　　　　　　　　　融合型

対立型の場合は、話し手は、話し手自身の領域に属するモノをコ系で指示し、聞き手の領域にあるモノをソ系で指示します。また、話し手と聞き手の領域の外にあるモノは、ア系で指示します。(1)と(2)がその例です。

(1) A: それ何ですか。
    B: これですか。新しいケータイです。
(2) A: あの建物は何でしょうか。
    B: あれですか。何でしょうね。

融合型の場合は、話し手と聞き手は一体化されるので、二人の領域の区別はありません。融合型の典型はコとアの対立で、(3)がその例です。

(3) A: この本、太郎のですか。　　B: ああ、これは次郎のです。
    A: じゃあ、太郎のは？　　　　B: 太郎のはあれです。

融合型の場合にソ系を使うことがあります。話し手の領域と聞き手の領域が一体化して区別がなくても、その融合した領域の外だとまでは言えない程度の近距離にあるモノを指示するときに使われます。たとえば、(4)がその例です。

(4) A: それだれのでしょうか。
    B: あ、それは太郎のです。

また、(5)は、話し手と聞き手が一緒に運んでいる家具の置き場を相談するような場合ですが、二人からあまり遠くない場所が話し手と聞き手双方からソコで指示されます。

(5) A: どこに置こうか？
    B: そこはどう？

ただし、融合型のソ系は使用が限られているようです。
　日本語には、指示語を使った慣用表現が多いですが、それらも二通りに分けられます。一つは対立型に基づく表現で、「ソコココ」「ソウコウするうちに」などです。もう一つは融合型に基づく表現で、「アレコレ」「アアダコウダ」などです。

いずれの場合も話し手の領域のコ系が含まれ、順序が決まっています。ソ系とア系の対立に基づく慣用表現はありません。このような慣用表現からも、指示語が話し手による自身の領域の認識を基本としていることがわかります。

§3　指示語の文脈指示用法

　文脈指示用法は、会話の場、話し言葉・書き言葉を含む**語り**の場合です。会話では聞き手がいますが、語りでは、想定された読み手というものがあっても、その場に聞き手は存在しません。会話の場合と語りの場合に分けて考えます。
　まず、会話では、ソ系とア系の使い分けに特徴があります。話し手と聞き手が共有している情報にはア系が使われ、どちらか一方しか知らない情報にはソ系が使われます。

（6）　A：　昨日、鈴木さんに会ったよ。
　　　　B：　え、その人どんな人？
（7）　A：　さっき、山本さんという方から電話がありました。
　　　　B：　え、山本さん？？　その人何の用だった？

(6)では、Aは「鈴木」を知っていますが、Bは「鈴木」を知らないことをソ系で表しています。また、(7)では、Aが「山本」を知らないことがトイウという表現からわかります。また、Bも「山本」を知らないことが「その人」によって示されています。

（8）　A：　次郎が遊んでるのを見たよ。
　　　　B：　あの子遊んでばかりいるね。
（9）　A：　山川に会ったよ。
　　　　B：　そう。あいつ元気だった？

(8)では、Bが「次郎」を知っており、(9)でも、Bが「山川」を知っていることがア系の使用からわかります。
　このように会話の文脈指示にはコ系が現れにくいのですが、(10)のような場合に、聞き手が知らないことについて、話し手が説明の文脈を補う場合にはコ系も

現れます。ただし、これは語りに近い使い方です。

(10) A: 近くにイタリア料理の店があるんですが、{ここ/そこ}のパスタ、おいしいんですよ。
B: そうですか。{*ここ/そこ}は何という店ですか。

　最後に、語りの指示語の使い方に簡単に触れます。語りでは、基本的にソ系が使われ、聞き手と情報を共有することを前提とするア系は使われません。
　まず、コ系もソ系も使える場合を考えます。(10)と同じように、語りでは、まず語り手が話題としようとする対象を導入し、後続の文脈で直前の話題の対象を指示することがありますが、そのような場合には、ソ系もコ系も使えます。(11)がその例です。

(11) 太郎はある会社に就職した。{この会社/その会社}は、…

このような例のコ系とソ系の違いは微妙ですが、語り手の視点の位置に違いがあるようです。コ系は、語り手が語りの舞台の中に入り込んで話題の対象のそばで事態を観察しており、ソ系は、語り手が対象からある程度距離を置いたところから観察しているというような違いが感じられます。
　一方、コ系のみが使われる場合は、語り手が話題にしようと思うものを先取りした形で導入するときです。(12)と(13)を見てください。

(12) 昨日{こんなこと/*そんなこと}があった。私が書斎で書きものをしていると…。
(13) その問題については、私は{このように/*そのように}考えます。…。

もう一つ、コ系のみが使われる場合があります。それは、直前の文脈をそのまま指し示すときです。(14)を見てください。

(14) ガソリンの高騰。{この問題/*その問題}には、いまだ解決の糸口が見えない。

　反対にソ系しか使えない場合もあります。直前の文脈の情報の一部を後続の文

脈で指示する場合で、(15)がその例です。

(15) 日本の外国語教育は、ヨーロッパの {それ / *これ} に比べると、いろいろな面で遅れているという指摘がある。

(15)で指示語が指し示すのは「外国語教育」の部分のみです。
　語りにおける指示語の使用は語り手の視点の問題と関係するので、複雑です。ここではこれ以上踏み込みませんが、ぜひ身近にある語りの中の指示語を観察してみてください。

【練習問題1】
　次の会話から「という」と指示語の機能を考えてください。
A: 昨日、山田っていう人に会ったんけど、知ってる？
B: さあ、…。その山田っていう人、どんな人だった。
A: 30歳ぐらいで背が高くて、ひげがあって…。

【練習問題2】
　次のような指示語は何を指しますか。
1) 先生、こちらは田中次郎さんです。田中さん、こちらが山本先生。
2) あのう、あれ、なんて言ったっけ。ほら、あれ。
3) いろいろありがとうございました。これからもどうぞよろしくお願いします。
（解答例は p.160 にあります）

第 25 課　文レベルから談話へ——談話のまとまり

> ねらい: 文レベルを超え、いくつかの文が連なって一つのまとまりをなす談話について考えます。
>
> キーワード: 談話、談話分析、テクスト、結束性、省略、指示、先行詞、代用表現、照応関係、ゼロ代名詞、一貫性、接続詞、整合性、会話分析、発話権、話者交替、あいづち、フィラー、談話標識

§1　談話のまとまり——結束性

　ここまで見てきた文法の諸相は、単文と複文を含む文レベルの規則でした。近年、文を超えたレベル、いわゆる**談話**を対象にした研究がさかんに行われています。文を超える談話という単位は定義が難しいのですが、一応次のような定義を前提に進めます。

（1）　文よりも大きい言語単位で、意味的にあるまとまりを持ってつながった文の集合

談話の構造や機能を分析対象とする研究分野を**談話分析**と言います。談話分析は、文の文法を超えた単位の構成規則、いわゆる談話文法を解き明かそうとする分野だと言えます。文レベルの研究では、文の文法性や適切性を扱いますが、談話分析でも、談話のまとまり性を担う、部分と部分の関係の規則性が研究対象になります。**テクスト**の部分と部分の間のつながりを**結束性**（cohesion）と言います。

　結束性の概念は意味的なもので、結束性はテクスト内に存在し、テクストとしてのまとまりをもたらすさまざまな意味の関係のことです。結束性の理解には、文レベルの文法を談話レベルで捉えなおすことが必要です。

（2）　?太郎は雑誌を買った。読んだ。
（3）　太郎は雑誌を買った。それを読んだ。

(2)と(3)はどちらも二つの文からなり、どちらも二つ目の文には、主語の「太郎」が**省略**されています。省略された主語は直前の文脈から補うことができます。しかし、(3)と比べて(2)には二つの文の間のつながりの悪さ、唐突さを感じます。(2)と(3)の違いは、「それを」という指示語を含む補語の有無です。「それ」が**指示**しているものは直前の文の「雑誌」です。「雑誌」を「それ」の**先行詞**、「それ」を雑誌の**代用表現**と呼びます。先行詞と代用表現のような関係を**照応関係**と言います。上の「太郎」の省略も、先行詞をゼロが代行していると考えます。**ゼロ代名詞**と呼ばれることがあります。以上の観点から、(2)より(3)のほうが結束性が高いと言うことができます。

指示語や省略以外にも、文と文の間の結束性を担う言語手段があります。たとえば、文レベルの文法で扱ったとりたて助詞による焦点化、主題、情報の新旧、テンスやヴォイスの選択などは、文レベルを超えて、テクストの結束性の構築に貢献します。

また、談話は、構成要素の文と文の間の結束性に加えて、談話としてのひとまとまり性も研究対象になります。談話のひとまとまり性は、談話の**一貫性**とも呼ばれ、一貫性のある談話では、その各構成要素のもたらす意味と意味の関係が論理的に展開されています。(3)を(4)と比べてください。

（3） 太郎は雑誌を買った。それを読んだ。
（4） 太郎は雑誌を買った。そして、それを読んだ。

(3)と(4)の違いは、「そして」という**接続詞**の有無です。接続詞がある(4)のほうが二つの文の間の時間的関係がはっきりと感じられます。

このように談話を構成する文と文の間に因果関係などの論理関係や時間的前後関係が認められる場合、その談話は**整合性**があると言います。接続詞は、文と文の整合性の言語標識と考えられます。以下で、接続詞の機能を談話の整合性の観点から考察します。

§2 接続詞

　3課と19課で主節と従属節をつないで複文を作り、二つの節の論理的な関係を表す接続助詞について解説しました。同じように、接続詞は、文と文の関係を表して、談話に整合性をもたらす機能を持つ品詞です。接続詞が表す論理的な関係を整理すると概ね次のようになります。

表1　接続詞と整合性関係

整合性関係	接続詞
順接	だから、それで、すると、そこで、そのためになど
逆接	しかし、けれど、ところがなど
累加	そして、それに、また、そのうえ、それから、しかもなど
転換	ところで、さてなど
補足	なお、ちなみに、ただしなど
言い換え	つまり、要するに、いわばなど
例示	たとえばなど

同じ類型に属する接続詞でも、使い方に違いが認められます。例として、累加を表すソシテとソレカラを比べてみましょう。

　（5）　昨日新宿へ行った。それから、＿＿＿＿＿＿
　（6）　昨日新宿へ行った。そして、＿＿＿＿＿＿

（5）と（6）の下線にどのような表現が入るか考えてください。学習者の産出した文には次のようなものがあります。

　（5'）　?昨日新宿へ行きました。それから、映画を見ました。
　（6'）　?昨日新宿へ行きました。そして、渋谷で食事しました。

（5）のソレカラは、「新宿へ行ったこと」が完了してから、それと同じくらいの情報量がある活動をしたという展開を期待します。たとえば、「それから、渋谷へ行って食事しました」などです。また、（6）のソシテは、「新宿へ行ったこと」の時間的延長上すぐに行う活動がふさわしいようです。たとえば、「そして、レストランで食事しました」「そして、デパートで買い物しました」などです。

ソシテは「そうする」のテ形「そうして」がもとになっており、基本的には並列的な累加の表現です。また、ソレカラは「それ＋から」と分析でき、明確な前後関係を内包した累加の表現です。同じ累加を表す接続詞でも、異なる整合性関係を表します。
　同じことは、順接のダカラとソレデについても言えます。ダカラは「から」によって理由や判断の根拠を前面に打ち出します。ダカラは前の文が後ろの文の表す話し手の意志や判断の根拠になりえますが、ソレデは使えません。

（7）　もうすぐ期末試験だ。{だから/*それで}、太郎は今頃猛勉強しているに違いない。

ソレデは「それ」と理由を表す格助詞デに分析でき、前の文と後ろの文の関係が論理的な因果関係であれば適切に使えます。

（8）　太郎は病気でした。{だから/それで}今日学校を休みました。

このほかにも、同じ類型に属する接続詞でありながら、文と文のつなぎ方が異なる場合があり、談話の整合性は、学習者にとっても教える側にとっても難しいものです。

§3　談話標識

　談話分析のほかに、**会話分析**（Conversation analysis）という研究分野があります。これは私たちの話し言葉を文字化し、記号化したものをデータにして、会話の仕組みを明らかにしようとするものです。
　会話分析では、複数の会話参加者によって会話がどのように展開しているかを探り、会話の始め方、会話の展開のしかた、会話の終わり方などに規則性を求めます。会話では、二人以上の話し手の間で、発話する権利、すなわち**発話権**（ターン）をやりとりします。これを**話者交替**と言います。記号化したデータをもとに、会話参加者の間の発話権の獲得、発話権の維持、発話権の譲渡がどのように行われるか、どのような具体的な言語・非言語手段で実現されるか、複数の話し手によって会話がどのように展開していくかなどを分析します。このほかに、「ええ」

「はい」「そうですか」などの**あいづち**や、「ええと」「あのう」「そのう」などの**フィラー**(埋め草)と呼ばれる要素も会話の展開に貢献します。

一般に、談話の構造の手がかりになる要素は**談話標識**(ディスコース・マーカー)と呼ばれます。談話標識には、接続詞、応答詞、あいづち、フィラー、終助詞などが含まれます。近年、さまざまな言語コーパスの構築が進み、データに基づいた緻密な研究が進められています。日本語の狭義の談話文法だけでなく、広義の談話文法、談話の構造が明らかにされつつあり、今後の研究成果が期待されます。

【練習問題1】

次の談話を完成して、ダカラ、スルト、ソレデの違いを考えてください。

1) A: 太郎は日本語学が専門だそうだ。
   B: ああ、 だから 、＿＿＿＿＿＿＿＿＿＿＿＿＿＿＿＿
2) 浦島太郎は玉手箱を開けました。 すると 、＿＿＿＿＿＿＿＿＿＿＿＿＿＿＿＿
3) A: ゆうべ寝られなかったんだ。
   B: ああ、 それで 、＿＿＿＿＿＿＿＿＿＿＿＿＿＿＿＿

【練習問題2】

次のやりとりで四角で囲んだ語(談話標識)の解釈の違いを考えてください。

母親： どうしていつまでも宿題しないの？ まったく、遊んでばかりいるんだから。
子供A： だって 、難しすぎるんだもん。
子供B： だから 、あとでやるって。
子供C： で〜も 、もうちょっとだけ。

(解答例はp.160にあります)

練習問題の解答・解説

○ 第1課　日本語の品詞

【練習問題1】
1)　意味から考えて形容詞として活用させた可能性と、「きれい」の表記から考えて、「い」で終わるのでイ形容詞として活用させた可能性があります。「きれい」は発音で考えるとKireeとなりイでは終わりません。
2)　イ形容詞述語の否定の「～くない」と名詞述語の否定の「～じゃない」が混在したものでしょう。
3)　英語のthisと同じように考えて指示語の名詞「これ」と連体詞「この」を混同したものでしょう。

【練習問題2】
　日本語の品詞は明確に分かれるのではなく、連続していると考えたほうがよい場合があります。特に、漢語語彙の中には名詞とナ形容詞の境界に位置するものがあります。「平和」「自由」もその例で、名詞として使われる場合とナ形容詞として使われる場合があります。名詞の場合は、「平和を誓う」から「平和の誓い」、「女神が自由を象徴する」から「自由の女神」となり、ナ形容詞の場合は「国が平和だ」から「平和な国」、「行動が自由だ」から「自由な行動」となります。ほかにも探してみてください。

○ 第2課　名詞述語と形容詞述語

【練習問題1】
　「恐ろしい」「苦しい」は、基本的に「経験主ニ対象ガ恐ろしい・苦しい」のように経験主と経験の対象を表す二つの補語をとると考えられます。この例も話し手が経験主として戦争を恐ろしいと感じ、年金生活を苦しいと感じていると解釈することが可能です。また、そこから「恐ろしい」「苦しい」が対象の属性と解釈することもできます。その場合は、「戦争とは恐ろしいものだ」「年金生活とは苦しいものだ」のような解釈になります。

【練習問題2】
　否定と丁寧を表す形態素の接続順序の問題です。「語幹 + 否定 + 丁寧」の場合は「大きい ⇒ 大きくない ⇒ 大きくないです」、「元気だ ⇒ 元気ではない ⇒ 元気じゃない ⇒ 元気じゃないです」となり、「語幹 + 丁寧 + 否定」の場合は、「大きい ⇒ 大きくあります ⇒ 大きくありません」「元気だ ⇒ 元気ではあります ⇒ 元気じゃあります ⇒ 元気じゃありません」となるもので、どちらも二つの形式が競合しています。

○ 第3課　語から文へ——助詞

【練習問題1】
1. 「ぶつかる」のト格補語は必須要素で、共同動作の相手を表示します。「ぶつかる」は二つの対象の移動の結果、遂行する動きです。「乗用車」と「バス」はどちらも移動が可能ですから、「バス」はト格補語になることができます。動いているもの同士がぶつかることで、正面衝突の場合も追突の場合もあるでしょう。一方、通常「壁」は固定していて移動しません。この場合は、乗用車の一方的な移動しか考えられませんから、「壁」はト格補語になりません。ニ格補語にして「乗用車が壁にぶつかった」と言わなくてはなりません。
2. 存在を表す「ある」と「行う」の意味を表す「ある」の違いによるものです。前者は新聞の所在する場所をニ格補語の「ここに」で表し、後者は動きを表す動詞なので存在場所を表すニ格補語をとることはできません。動きが実現する場所をデ格補語で表し「北京でオリンピックがありました」となります。

【練習問題2】
　ト格補語が動詞の必須補語かどうかの違いです。「勉強する」のト格補語は動作の協力者で必須ではありませんが、「けんかする」のト格補語は共同動作の相手で必須補語です。
　ほかにも「結婚する」「協力する」「競争する」「離婚する」など必須のト格補語をとる動詞があります。

○ 第4課　文の要素のとりたて——焦点化

【練習問題1】
　排他型のシカーナイと添加型のモの使用から、「五時間の睡眠時間」に対するAとBの評価の違いがわかります。Aは、排他型で「五時間」を除くと空の集合になることに焦点を当ててその時間を短いと評価しています。Bは、添加形でその時間の幅の長さを評価しています。

【練習問題2】
　モは添加型とりたて助詞で、ある集合にそのメンバーを添加します。この例の場合の集合は、モノの集合ではなく「昨日のパーティー」の属性の集合と考えられます。田中が来たこと、山田が来たこと、食べ物や飲み物がたくさんあったこと、ジャズの生演奏がよかったことなどはすべて「昨日のパーティー」を構成する個別の事態で、それらを添加することでパーティーに対するBの評価が含意されます。

【練習問題3】
　ダケは排他型のとりたて助詞です。「今朝はコーヒーだけ飲みました」は、可能性のある飲み物の集合からコーヒーを限定し他を否定します。単に飲んだものの種類を限定しているに過ぎません。一方「したダケです」はサエと同じようなスケール含意が生じます。「今朝はコーヒーを飲んだだけです」は、可能性のある朝食の中でほぼ最小限の「コーヒーを飲む」を限定し、朝食のスケール上でそれより上に位置する「トーストとコーヒー」「卵と

トーストとコーヒー」「サラダと卵とトーストとコーヒー」などのより充実した食事の可能性を否定します。この最小限の解釈から、十分な食事をとっていない、空腹だなどが話し手の発話意図として推論されます。

◯ 第5課　ハとガの話──主語か話題か

【練習問題1】
1）「これは」は排他あるいは対比のハで、いろいろ味見している途中で、それ以前に味見したものはともかく「これ」をとりたてておいしいと思ったというような場合が考えられます。「これが」は総記のガで、いろいろな食べ物をすべて味見した結果、「これ」のおいしさが一番だったというような場合が考えられます。
2）人のリストとその属性のリストを照合する場合に、「属性」で検索するか「ヒト」で検索するかによって、「田中さんが学生だ」あるいは「学生が田中さんだ」となります。
【練習問題2】
　例文は話し手が発話時に認識したことをそのまま述べるもので、「鳥」や「雨」は主題ではありません。これらの文のガ格は中立叙述のガで、文全体が新情報を表します。

◯ 第6課　　動詞述語

【練習問題1】
　-kで終わる子音動詞のテ形は、通常「聞いて」「書いて」「置いて」などのように-iteの形をとりますが、「行く」は「*行いて」ではなく「行って」になる点が例外的です。
【練習問題2】
　「買う」の否定の形はkawanaiになります。現代語ではワ行の子音wは母音のaの前にしか現れないので、kai-masu, ka-u, ka-eba, kaooには現れません。しかし、このままでは動詞の分類上多数の例外を生じさせることになるので、それを避けるために-wで終わる子音動詞と分類します。
【練習問題3】
　曲がる・曲げる、溶ける・溶かす、折れる・折る、裂ける・裂く、くだける・くだく、など。
【練習問題4】
　「閉じる」は「本を閉じる」「幕が閉じる」、「終わる」は「仕事を終わる」「会議が終わる」のように使うことがあります。

◯ 第7課　ヴォイス1──受け身

【練習問題1】
1）話し手自身が動作の受け手になる場合は話し手の視点は自身にあるので、視点を変え

る操作が必要です。この場合受け身文か恩恵の授受文（9課）のどちらかを使わなくてはなりません。

2）持ち物への影響を持ち主が半ば間接的にこうむる「持ち主の受け身」を使うべき文脈です。

【練習問題2】

　「書く」「建てる」など成果物を表すヲ格補語をとる動詞の場合は、動作主は製作者と考えられニヨッテで表示されます。また、「愛する」「嫌う」「好む」などの好悪の感情を表す動詞の場合は、動作主はその感情の起点と考えられニ／カラが使われます。直接受け身の動作主の格表示は、他動詞自体の他動性の性質によって異なります。「殴る」「壊す」「飲む」「使う」などのように対象に直接働きかけてその結果対象に変化が生じるような他動詞の場合が典型で、動作主はニ格で表示されます。

【練習問題3】

　　子供がバスを降りた。→ *バスが子供に降りられた。
　　聖火ランナーがその通りを走った ⇒ *その通りは聖火ランナーに走られた。
　　起点のヲ格や経路のヲ格は直接受け身になりません。
　　田中が手を洗った。→ *手が田中に洗われた。
　　田中がひげをそった ⇒ *ひげが田中にそられた。
　「手を洗う」「ひげをそる」などの対象が動作主の一部であるような再帰動詞の場合は、直接受け身になりません。
　　犬が子供にとびついた。→ 子供が犬にとびつかれた。
　　子供が太郎になついた ⇒ 太郎は子供になつかれた
　必須補語として動作の向かう対象をニ格で表示する動詞の場合、ニ格補語を主語にした直接受け身が可能です。

【練習問題4】

　　太郎が次郎に本を貸す ⇔ 次郎が太郎 {に／から} 本を借りる
　　太郎が次郎にペットを預ける ⇔ 次郎が太郎からペットを預かる
　　太郎が次郎に車を売る ⇔ 次郎が太郎から車を買う
　　太郎が次郎に数学を教える ⇔ 次郎が太郎に数学を教わる

　これらの対をなす動詞は意味的に能動・受動の関係にあると考えられます。太郎が次郎に本を貸したら、次郎は太郎に本を借りたことになります。このような動詞の対を構文レベルのヴォイスに対して、語彙的ヴォイスと言います。9課の授受動詞も語彙的ヴォイスです。

【練習問題5】

　日本語の「自分」は文の主語と同一の対象を指示します。

　1）は「弟が田中を殴った」の直接受身文で、「自分」は受身文の主語の「田中」と解釈されます。一方、2）は、「弟が泣いた」ことを、事態の外にいる田中が迷惑だと解釈した間接受け身文です。この場合の「自分」は「田中」と「弟」を指示する可能性があり、「田中が弟に田中の部屋で泣かれた」と「田中が弟に弟の部屋で泣かれた」の二通りの解釈が可能

です。このことは、2)の文には「田中」と「弟」の二つの主語があることを示唆し、そこから、生成文法などでは、間接受け身文は主文の中にもう一つの文が埋め込まれた構造を持つという主張の根拠として使われることがあります。

○ 第8課　ヴォイス2——使役

【練習問題1】
　1)は、無意志動詞の「死ぬ」を使った使役文です。「彼」が友人の事故死の事態を回避するように働きかけることをしなかったという意味になり、傍観と解釈できるでしょう。友人の死に責任を感じているともとれます。一方、2)は、自動詞「死ぬ」を使った間接受け身文です。「事故で親友が死んだ」という事態の外にいる「彼」がその事態から間接的に影響を受けたという意味になり、「彼」の被害者としての意識が読み取れます。

【練習問題2】
　使役の動作主の意志性の有無の違いです。1)の「テーブル」は無生物で意志を持たないので、「指示」や「強制」の使役ではなく、直接の働きかけを表す他動詞「降ろした」を使います。
　2)の「子役」は有情ですから、自分の意志で動くことが可能です。他動詞「降ろした」の場合は監督が子役を自ら抱きかかえて舞台から降ろしたという意味になり、「降りさせた」の場合は監督が子役に舞台から降りるように指示したと解釈できます。

○ 第9課　ヴォイス3——授受

【練習問題1】
　アゲルとモラウはガ格主語に視点がある意志動詞なので、ほかの他動詞同様に、アゲタイ、アゲテクダサイ、アゲマショウ、モライタイ、モラッテクダサイ、モライマショウの形になります。一方、クレルは、ニ格補語に視点があり、主語の意志でコントロールできない動詞なので、*クレタイ、*クレテクダサイ、*クレマショウにはなりません。

【練習問題2】
　テアゲル文は恩恵の授受文です。恩恵の与え手と恩恵の受け手の関係によっては、恩恵を前面に出すことは待遇上問題になりえます。たとえば、1)は学生から先生への発話ですが、恩恵が前面に出て押しつけがましい印象を与えかねません。聞き手に配慮して「ご覧になりますか」が適当です。2)も、話し手と聞き手の関係や心理的距離によっては、親切の押し売りに聞こえる恐れがあります。聞き手に配慮して「お持ちしましょう」が適当です。一般に、授受動詞の敬語形を使った恩恵の授受文の使用は場面に配慮する必要があります。代わりに尊敬語や謙譲語を使うとよいでしょう。敬語については23課で解説します。

◯ 第10課　ヴォイスの選択──話し手の視点

【練習問題1】
　テモライタイは、話し手が何かの事態の実現を希求する場合に使います。1) 2)のように、実現する事態の主体が有情の場合二格補語になり、3) 4)のように無常物の場合はガ格補語になります。「子供」のような有情物の場合は、話し手の願望の向かう相手ということで二格になりますが、無情物の場合には「雨がやむ」という事態全体が実現することを願うのであって「雨」は願望の向かう相手ではありません。

【練習問題2】
　これらは「新卒の先生が私を教えた」という事態に関する3通りの述べ方です。日本語ではこの能動文が言いにくいことはすでに述べました。私を言語化しない形に変える必要があります。1)は「教わる」という語彙的ヴォイスの文、2)は「教える」の恩恵の授受文、3)は、「教える」の受け身文です。1)がもとの能動文の直接受け身に近い解釈になり、意味的に中立です。2)は、話し手がその経験をプラスに評価していることが伝わります。3)は、受け身を使うことで、話し手がその経験をマイナス寄りに捉えていることが伝わります。

◯ 第11課　テンス──述語のル形とタ形

【練習問題1】
　1)の「食べる」のル形が表すことは、猫の未来の動作でも猫の習慣でもありません。「うちの猫」の嗜好を描写するもので、属性を表していると言えます。このほかに、「うちの子はミルクは飲まないけどチーズは食べる」なども「ミルクが飲める、チーズが食べられる」という属性を表します。同様に、2)の「切れる」のル形も、ナイフの鋭さの属性を表しています。
　3)のタ形は、条件節を伴って、実際に起こったことと反することを仮定して述べる場合の使い方です。最後に「のに」などがつくことがあります。ある条件を満たしていれば、発話現在までに完了していただろう事態をタで表します。

【練習問題2】
　「来る」は、バスの動きを話し手に近づく移動と捉えた描写です。「来た」は、バスが話し手の視界に入った、つまり、話し手がバスを認識したということを表すもので、バスはまだバス停に到着していません。たとえば、旅行先のホテルで窓のカーテンを開けたときに「海が見えた」ではなく「海が見える」と言いますが、運行中の新幹線の窓から富士山を認めた場合は「見える」ではなく「見えた」と言います。これも同じタの使用です。この場合は、移動しているのは富士山ではなく話し手ですが、あたかも富士山が話し手の視界に移動して話し手がそれを認識したように捉えています。

○ 第12課　アスペクト1——ル形・タ形とテイルの形

【練習問題1】
　英語母語の学習者に観察される誤用です。英語と日本語の動詞の意味の違いに原因があります。英語では、knowは知識がある状態を表しますが、日本語の「知る」は知識がない状態から知識がある状態への変化を表す動詞です。知識があることを言うためには、変化の結果の状態である「知っている」を使う必要があります。「死ぬ」も変化の動詞です。「死んでいる」は変化の結果の状態を表すので、2）のように衰弱していることを言い表すことはできません。「死にかけている」「死にそうだ」などにして、本来瞬間的な変化である「死ぬ」を時間の幅を持った表現に変える必要があります。

【練習問題2】
　俳優は「暗記しました」と答えてもよいのですが、それは「暗記する」という活動が完了したことしか表しません。それに対して、「暗記しています」と言うと、「暗記する」という活動が完了し、その結果の状態が発話現在まで継続していることを表すことができます。俳優がいつでも演技可能な状態にあることが伝わります。もちろん、「いま暗記しています」なら、暗記の活動の最中にあって、暗記が完了していないことになります。

○ 第13課　アスペクト2——テアル・テオク・テシマウ

【練習問題1】
　1）は他動詞「置く」のテ形にアルがついた形、2）は他動詞「置く」の受け身形のテ形にイルがついた形です。この課で「電気がついている／電気がつけてある」のような有対自他動詞の場合に、自動詞＋テアルと他動詞＋テイルで同じ事態を異なる視点で描写できることを解説しました。「置く」には対応する自動詞がありません。対応する自動詞がない他動詞は「書く」「読む」「作る」などたくさんあります。このような他動詞の場合、「自動詞＋テイル」の代わりに「他動詞の受け身形＋テイル」、この例の場合は「置かれている」を使って同じような描写が可能になります。対のない他動詞はその受け身形と対をなすことになります。

【練習問題2】
　この文は基本的に太郎が本を読むことが完了したことをテシマウとタで表示しています。出来事の終結の意味が重複しています。その事態への話し手の二通りの評価が考えられます。事態をプラスと評価している場合とマイナスと評価している場合です。
プラスの場合の例：　とても長い話だから読み終えるのに時間がかかるだろうと思っていたら、数時間で太郎は本を読んでしまった。
マイナスの場合の例：　読ませたくない内容の本なので、太郎の目に付かないところに置いたつもりだったが、太郎は本を読んでしまった。

○ 第14課　イクとクル、テイクとテクル

【練習問題1】
1)　夕暮れどきなどの明るさの変化を、話し手の視点から捉え、暗闇が自身の縄張りに近づくように描写したもの。
2)　話し手の発話現在までの子供の成長を自身に近づく変化と捉え、発話現在以降に継続すると想定される変化を自身の視点から遠ざかる変化と捉えたもの。
3)　出かける場合も見送る場合も、話し手自身の縄張りから外へ出て（＝行って）、また縄張りに戻る（＝来る）と表現するもの。「いらっしゃい」は「きなさい」の敬語動詞「いらっしゃる」の命令の形です。

【練習問題2】
1)　「浮かぶ」を出現の動詞と捉え、考えが出来するということを話し手に近づく動きとして描くもの。
2)　「忘れられる」を消滅の動詞と捉え、記憶が薄れることを話し手の視点から遠ざかる動きとして描くもの。

○ 第15課　単文から複文へ──従属節のいろいろ

【練習問題1】
1)　テ形接続では、後件に依頼や命令など聞き手に働きかける表現は使えません。カラなどの理由節にする必要があります。
2)　ナガラ節は同一主体の同時進行の二つの動作を表します。この例の場合は、「掃除をしてしまう」という動作の終結を表すアスペクトがあり、進行中の動作にはなりません。「掃除しながら」なら問題ありません。
3)　この場合「手伝う」は「聞き手が話し手を手伝う」という意味ですから、話し手は自身が働きかけの対象になる形で表現するために、働きかけの方向を変える必要があります。「手伝ってくださって」なら問題ありません。

【練習問題2】
　1)は「広い」ことと「気持ちがいい」ことを並列させて、単に「部屋」の二つの属性を述べていると解釈することも、部屋の広さと部屋の気持ちよさに因果関係を認めて、「広いから気持ちがよい」と解釈することもできます。
　2)は太郎についてギターの技術と人気を並列させて二つの属性として述べると解釈することも、二つの間に因果関係を認めてギターの技術が人気の原因だと解釈することもできます。

○ 第16課　連体修飾節

【練習問題1】
1)「頭がいい太郎」「*太郎がいい頭」となり、「太郎」と「頭」は「全体」と「部分」の関係です。全体を部分の修飾部とすることはできません。また「頭がいい」は「賢い」と同じ意味のひとまとまりの慣用的な表現なので、その一部を被修飾名詞にすることはできません。
2)「その男が耳を澄ませた物音」「*その男が物音に澄ませた耳」となり、「耳を澄ませる」がひとまとまりの慣用的な表現なので、1) と同様にその一部を被修飾名詞にすることができません。
3)「*大阪まで新幹線で行った東京」「*東京から新幹線で行った大阪」となるので、起点のカラ格の名詞句も限界点のマデ格の名詞句も被修飾名詞になれません。もとの文が「東京から大阪に新幹線で行った」のように二格であれば、「東京から新幹線で行った大阪」の容認度は上がります。

【練習問題2】
1) ノ、2) コト、3) ノ・?コト　4) ?ノ・コト
1)「待つ」は「手伝う」のように相手に物理的関わりを持つ動詞と考えます。
2) 新聞記事の伝達内容なので。
3) テイルから、話し手が発話のイマ・ココの状況をひとまとまりにして捉えたものと考えられます。ノのほうが自然です。
4) タからは、話し手が認識したのは、発話時現在の状態というよりそれ以前から継続していた状態です。コトのほうが自然です。

　ノとコトの基本的な違いは、それらがひとまとまりにすることがらが話し手にとって知的体験を通して得られる情報か知覚的な体験の対象かということにあります。4) のように過去のある時点から発話現在まで継続していたことがらの認識は計算を伴う知的な体験で、3) の発話時点の知覚的体験とは異なります。このことは「聞こえる」を使うとわかりやすいです。「父が電話でだれかと話している {こと / の} が聞こえた」。前者は話の内容が聞こえたという意味で、後者は話し声が聞こえたのであって、話の内容ではありません。

○ 第17課　時を表す従属節

【練習問題1】
　1) も 2) も、時を表す相対名詞の「マエ」と「アト」と述語のアスペクトの問題です。主節の時制にかかわりなく「マエ」はル形、「アト」はタ形をとります。

【練習問題2】
　本来「前」は動詞のル形をとらなくてはいけません。しかし、同じような表現で「〜ナイウチニ」があり、二つの用法の混同によるものと考えられます。「シナイ前」は「スル前」に比べていつ始まるかわからない事態が起こっていない状況を強調し、スル前より緊迫感

が伝えられるようです。

○ 第18課　条件を表す従属節

【練習問題1】
1）　テハはトと似ています。並列接続のテ形をハでとりたてて、前件から自然に導かれる後件について、そのきっかけを強調する表現です。
2）　条件のテハは文末のモノダと共起してAをきっかけとする「AてB」のひとまとまりの事態が繰り返し生じたことを表します。

【練習問題2】
　これらはいずれも、現実に起こったことと反対の場合を想定しその条件を表示するものです。後件には、非現実の条件が満たされた場合に生じたと想定される帰結を表します。反事実仮想と呼ばれます。

○ 第19課　出来事の関係を表す従属節

【練習問題1】
　カラは前件が後件の原因や理由であることを表示します。「仕事が終わっていないから帰らない」「宿題があるから行かない」の代わりに、前件だけを述べて聞き手に後件を推測させます。聞き手は、グライスの協調の原理に基づいて与えられた情報から言語化されない後件を推論します。カラの表す出来事の関係が常に原因・理由であることから、この中途終了の形が慣習化したものです。

【練習問題2】
　セイデもオカゲデもカラ同様に理由や原因を表す接続表現です。1）のセイデは、後件が話し手にとって好ましくない事態であることを、2）のオカゲデは、後件が話し手にとって好ましい事態であることを表します。

○ 第20課　モダリティーの表現

【練習問題1】
1）　伝聞のソウダは述語に、予兆のソウダは述語の語幹につきます。二つのソウダの混同のようです。「おいしそうだ」なら自然です。
2）　ホシイはツモリダなどと同じように、話し手の内面の描写に使われるもので、三人称主語の内面描写には使えません。「ほしそうです」「ほしいようです」などにしなくてはなりません。
3）　話し手自身を伝聞の情報源にすることはできません。「私には」などにする必要があります。

【練習問題2】
1）太郎についてのいくつかの情報から太郎の健康状態を推測する場合に「ようだ」を、実際に太郎を見かけるなどして知覚的情報を得て判断する場合に「そうだ」を使います。
2）発話時以降に彼に何か話す心積りである場合に「するつもりだ」を使います。「したつもりだ」は、過去のある時点で聞き手に何か話をしたという信念を発話時に持っていることを表します。

○ 第21課　出来事の関連づけ──ノダとワケダ

【練習問題1】
　ノダは聞き手に共同注意を喚起しますが、そのようにすることが待遇的に適当かどうかは、話し手と聞き手の関係によります。病院での初診場面では、患者は当然共同注意態勢にあるはずです。ただ、聞き手が共同注意の態勢にあったとしても、話し手が主観的に聞き手の内面（私的な行動や体調など）に踏み込むことが適当かどうかは発話の場の要素に依存します。診察室に入って来た患者に向かって「ノダ」を使うと、患者に、発話の場で症状が外見上の情報であることが伝わり、不必要な精神的負担を与えかねません。初診の場面では、医者がノダの使用を避けることで待遇上の問題が回避できます。

【練習問題2】
　カラを使った「忙しいですから」は誘いや依頼を断るときなどに適当な表現です。一方、「忙しいんですから」はノダとカラの併用です。カラは原因や理由を会話の場に導入します。ノダは発話の場の何らかの情報にカラが導く原因と結果を関連づけるように聞き手に述べていることになります。単純な誘いや依頼の断りとしては不適切です。ただし、断ったにもかかわらず再度誘われたり依頼されたりする場合に、話し手は、ノデスカラでカラが導く断りの理由と発話の場との関連づけを強調することができます。

○ 第22課　終助詞

【練習問題1】
　Aのッケは、話し手が自分の記憶に自信がないことを表し、聞き手からの情報を期待します。Bのナアは、ネエと違って、話し手が自身に向けて独り言を言うときに使われます。聞き手の反応は期待していません。

【練習問題2】
　(1)の「きれいじゃない」には、キレイダの否定の解釈と、ジャナイでひとまとまりの同意を求めるモダリティー要素としての解釈があります。母語話者はこれらの解釈をイントネーションで使い分けます。前者は「きれいじゃ」の「きれい」が頭高、「ない」が頭高で発音されるので、高いピッチが二箇所になります。「ない」が本来の否定の意味を保持しています。一方、同意を求めるモダリティー要素の場合は、「じゃない」にはアクセントがありません。「きれいじゃない」全体で高いピッチは「きれい」の一つだけです。しかし、学

習者には、この発音上の違いは難しいようです。また書き言葉では、この違いは文脈に依存します。

2)は「言った」という動詞述語に「じゃない」がついています。「だ」「です」は動詞述語にはつかないので1)と違って曖昧にはなりません。同意を求めるモダリティー要素としての解釈だけになります。

○ 第23課　待遇表現──敬語

【練習問題1】
1)　謙譲語1：　話し手による聞き手目当ての行動を低める表現
2)　謙譲語2（丁重語）：　自身の話し言葉の丁重さを目的に、話し手自身の行動を低める表現
3)　尊敬語：　聞き手の行為を高める表現

【練習問題2】
1)　尊敬語：　話題の人物である社長の行為を高めるもので、ガ格表示から判断できます。
2)　受け身形：　話し手が行為者である社長に依頼されたことを表すもので、ニ格表示から判断できます。

○ 第24課　指示語

【練習問題1】
　トイウはそれがついた名詞句の指示対象が話し手の領域に属さず、聞き手と共有する情報ではないと話し手が考えていることを示します。

【練習問題2】
1)　コチラは場所を表すコソアド名詞ですが、この会話では、初対面同士の紹介場面で、紹介するべき人物をその人が占める場所によって言及することで、丁重さが増します。コ系を使うことで話し手が紹介する対象を自身に近いと判断していることがわかります。
2)　話し手と聞き手に共通の情報をアレで指し示します。
3)　コレカラは発話時点をもとにそれ以降の時間を指します。

○ 第25課　文レベルから談話へ──談話のまとまり

【練習問題1】
1)　ダカラはAの発話の情報を理由としてそこから推論する帰結です。たとえば「だから、周りの人の言葉遣いに敏感なんだ」など。
2)　スルトは、トの条件節を含む接続詞です。後件は、前件の当然のなりゆきです。たとえば「すると、中から白い煙が…」など。
3)　ソレデは、Aの情報を会話の場の何らかの情報の理由や原因として解釈するものです。たとえば「それで、元気がないんだね」など。

【練習問題 2】
　いずれも子供は母親の注意を素直に聞き入れようとぜす、いろいろな言い分けを述べています。Aのダッテは、自分の遊んでいる行為を正当化するべく口実を述べるもの、Bのダカラは、前に母親に同じことを注意されて、同じ口実を繰り返していることを強調するもの、Cのデ～モは、いつかは母親の言葉に従うつもりだがすぐではないことを譲歩的に表明するものです。

さらに勉強したい人のためのお薦め図書

【概論的な図書】
庵功雄(2001)『新しい日本語学入門』スリーエー・ネットワーク
久野暲(1973)『日本語の文法』大修館書店
久野暲(1983)『新日本文法研究』大修館書店
近藤安月子・姫野伴子 (2012)『日本語文法の論点43――「日本語らしさ」のナゾが氷解する』
阪田雪子・新屋映子・守屋三千代(2003)『日本語運用文法――文法は表現する』凡人社
柴谷方良(1978)『日本語の分析』大修館書店
新屋映子・姫野伴子・守屋三千代(1999)『日本語教科書の落とし穴』アルク
益岡隆志・田窪行則(1989)『基礎日本語文法』くろしお出版(改訂版 1992)
森山卓郎(2000)『ここからはじまる日本語文法』ひつじ書房

【各論】
序章
グリーンバーグ J. (1968)『人類言語学入門』(安藤貞雄訳1973)大修館書店
角田太作(1990)『世界の言語と日本語』くろしお出版

1課〜3課
寺村秀夫(1982)『日本語のシンタクスと意味Ⅰ』1章・2章、くろしお出版
益岡隆志・田窪行則(1989)『基礎日本語文法』くろしお出版(改訂版 1992)
森山卓郎(2000)『ここからはじまる日本語文法』ひつじ書房

4課・5課
尾上圭介(2001)『文法と意味Ⅰ』1章、2章、くろしお出版
神尾昭雄(1990)『情報のなわ張り理論』大修館書店
久野暲(1973)『日本語の文法』大修館書店
久野暲(1983)『新日本文法研究』大修館書店
澤田美恵子(2007)『現代日本語における「とりたて助詞」の研究』くろしお出版
寺村秀夫(1991)『日本語のシンタクスと意味Ⅲ』7章、くろしお出版
野田尚志(1996)『新日本文法選書1 「は」と「が」』くろしお出版
益岡隆志編(2004)『シリーズ言語対照〈外から見る日本語〉5 主題の対照』くろしお出版
益岡隆志・野田尚史・沼田善子編(1995)『主題と取り立て』くろしお出版
三上 章(1960)『象は鼻が長い』刀江書院(復刻 くろしお出版 1972)

6課〜10課
池上嘉彦(1981)『「する」と「なる」の言語学——言語と文化のタイポロジーへの試論』大修館書店
池上嘉彦(2006)『英語の感覚・日本語の感覚——〈ことばの意味〉のしくみ』日本放送出版協会
池上嘉彦(2006)「〈主観的把握〉とは何か」『言語』5月号、大修館書店
大江三郎(1975)『日英語の比較研究——主観性をめぐって』2章・5章・6章、南雲堂
影山太郎(1996)『動詞意味論』くろしお出版
影山太郎(1993)『文法と語形成』ひつじ書房
久野暲(1978)『談話の文法』大修館書店
柴谷方良(1978)『日本語の分析』大修館書店
須賀一好・早津恵美子編(1995)『動詞の自他』ひつじ書房
鈴木重幸(1972)『日本語文法・形態論』むぎ書房
田窪行則編(1997)『視点と言語行動』くろしお出版
寺村秀夫(1982)『日本語のシンタクスと意味Ⅰ』3章、くろしお出版
寺村秀夫(1984)『日本語のシンタクスと意味Ⅱ』4章、くろしお出版
仁田義雄編(1991)『日本語のヴォイスと他動性』くろしお出版
Whorf, B. L.（1956［1939］）*Language, thought and reality*, Cambridge, MA: MIT Press.

11課〜14課
大江三郎(1975)『日英語の比較研究』1章、南雲堂
金田一春彦(1950)「日本語動詞の一分類」『言語研究　15』
金田一春彦編(1976)『日本語動詞のアスペクト』むぎ書房
工藤真由美(1995)『アスペクト・テンス体系とテクスト』ひつじ書房
久野暲(1978)『談話の文法』大修館書店
寺村秀夫(1984)『日本語のシンタクスと意味Ⅱ』5章、くろしお出版
日本語記述文法研究会編(2003)『現代日本語文法3　第5部アスペクト、第6部テンス、第7部肯否』くろしお出版
町田健(1989)『日本語の時制とアスペクト』アルク
森山卓郎(1988)『日本語動詞述語文の研究』明治書院

15課〜19課
寺村秀夫(1993)『寺村秀夫論文集　1』複文編、くろしお出版
益岡隆志(1997)『新日本文法選書2　複文』くろしお出版
益岡隆志編(1993)『日本語の条件表現』くろしお出版
南不二男(1974)『現代日本語の構造』大修館書店
南不二男(1993)『現代日本語文法の輪郭』大修館書店

20課〜22課
上田博人編(2002)『日本語学と言語教育(シリーズ言語科学5)』東京大学出版会
神尾昭雄(1990)『情報のなわ張り理論』大修館書店
黒滝真理子(2005)『Deontic から Epistemic への普遍性と相対性』くろしお出版
近藤安月子(2006)「『のだ』が指標する話し手の主観性」『言語』5月号、大修館書店
田野村忠温(1990)『現代日本語の文法Ⅰ——「のだ」の意味用法』和泉書院

寺村秀夫(1984)『日本語のシンタクスと意味Ⅱ』6章、くろしお出版
仁田義雄(1991)『日本語のモダリティと人称』ひつじ書房
日本語記述文法研究会編(2003)『現代日本語文法4　第8部モダリティ』くろしお出版
野田春美(1997)『の(だ)の機能』くろしお出版
本多啓(2003)「共同注意の統語論」『認知言語学論考　No2』ひつじ書房
益岡隆志(1991)『モダリティの文法』くろしお出版
益岡隆志(2007)『日本語モダリティ研究』くろしお出版
三上章(1953)『現代語法序説』刀江書院(復刻　くろしお出版1972)
宮崎和人・安達太郎・野田春美・高梨志乃(2002)『モダリティ』くろしお出版
守屋三千代(2006)「〈共同注意〉と終助詞使用」『言語』5月号、大修館書店
森山卓郎・仁田義雄・工藤浩編(2000)『モダリティ(日本語の文法3)』岩波書店

23課
菊池康人(1994)『敬語』角川書店
窪田富男(1990)『日本語教育指導参考書17　敬語教育の基本問題(上)』国立国語研究所
窪田富男(1992)『日本語教育指導参考書18　敬語教育の基本問題(下)』国立国語研究所
滝浦真人(2005)『日本の敬語論――ポライトネス理論からの再検討』大修館書店
滝浦真人(2008)『ポライトネス入門』研究社
牧野成一(1996)『ウチとソトの言語文化学』アルク
南不二男(1987)『敬語』岩波書店
山田敏弘(2004)『日本語のベネファクティブ』明治書院
Brown, P. & Levinson, S. C.（1987）*Politeness: some universals in language usage*, Cambridge University Press.

24課・25課
庵功雄(2007)『日本語におけるテキストの結束性の研究』くろしお出版
金水敏・田窪行則編(1992)『指示詞』ひつじ書房
久野暲(1978)『談話の文法』大修館書店
田窪行則・金水敏(2001)「応答詞・感動詞の談話的機能」音声文法研究会編『文法と音声Ⅲ』くろしお出版
田窪行則・西山祐司・三藤博・亀山恵・片桐恭弘(1997)『談話と文脈(岩波講座　言語の科学　第7巻)』3章、岩波書店
橋本武(1999)『ディスコース――談話のおりなす世界』くろしお出版
三上章(1970)『文法小論集』くろしお出版(復刻2003)
泉子・K・メイナード(1993)『会話分析』くろしお出版
Grice, P.（1967）"Logic and Conversation" in Grice P.（1989）*Studies in the way of wards*（清塚邦彦訳『論理と会話』勁草書房1998）
Halliday, M. A. K. & Hasan, R.（1976）*Cohesion in English*（安藤貞雄他訳『テクストはどのように構成されるか』ひつじ書房1997）
Thomas, J.（1995）*Meaning in Interaction; An introduction to Pragmatics*（浅羽亮一監修　田中典子他訳『語用論入門』研究社1998）

索　引

【あ行】

アイダ	96, 98
アイダニ	98
あいづち	148
ア系	139
アゲル	51
アスペクト	67, 97
アト	96, 99
アト節	99
暗示	21
言い換え	146
言い切りの形	13
意外性	23
イ形容詞	7, 12
意向	115
意向形	8
意識的	4
意志動詞	36
意思表明	103
一段動詞	33, 34
一般的な習慣	63
移動先	18
移動動作の到達点	18
移動動詞	36, 78
イマ・ココ	78
意味関係	17
意味役割	17
依頼	115
因果関係	88, 101
引用	18
引用節	85
ヴォイス	39, 45, 51, 58
受け身	7, 39

受け身形	7, 8, 39
動きの側面	67
動きの断面	72
ウチ	96, 98
ウチとソトの概念	130
ウチの関係	90, 91
うなぎ文	32
埋め草	148
影響の与え手	58
影響の受け手	58
SOV型言語	1
FTA	136
恩恵の授受	53

【か行】

ガ	109
下位分類	7
会話の協調の原理	118
会話の場の改まり度	129
会話分析	147
ガ格	18
係り助詞	16
係り結び	16
書き言葉	141
カ行変格活用	33
格	17
学習	4
学習項目	8
学習者	1
学習の負担	8
格助詞	15
確信	113
獲得	4, 6

索引　165

確認	124		強制	46
過去	7, 62		鏡像（mirror image）	2
語り	141		強調	22
語りの視点	65		共同注意	118, 123
学校文法	5		共同動作の相手	18
活用	5, 33		許可	47, 115
活用形	7		極端な要素	23
仮定	6		距離感	130
可能	7		禁止	115
可能形	8		グライス（Grice）	118
可能性	112, 113		グリーンバー（Greenberg）	1
カモシレナイ	114		クレル	51
カラ	107		契機関係	105
カラ格	18		経験主	18
含意	21		敬語	51, 129
感覚・感情形容詞	13		傾向	63
漢語	131		敬語動詞	51, 131
勧告	115		敬語の乱れ	134
慣習化	119		計算	113
間接受け身	41		繋辞	8
感動詞	6		形式名詞	11
願望	115		継続	68
勧誘	115		継続動詞	68
完了	97		形態素	3
関連づけ	117		形態変化	5
関連づけの指標	122		形容詞	5
記憶	65		形容詞述語	6, 10
聞き手の存在	123		形容詞述語文	6
規則の集合	6		形容動詞	5
起点	18		経路	18
機能	3, 5		結果	2, 68
義務	113, 115		結束性	144
義務的モダリティー	112		ケド	109
疑問	124		原因	2, 18
疑問語	9, 104		原因と結果の関係	88
逆接関係	107		限界点	18
逆接的	104		言外に示唆	16
客観的事態	39		言語学	1
旧情報	30		言語コーパス	148
共感	40		現在	62
共感度	40		検索	65
共感度の序列	52		謙譲語	130
共感の程度	40		謙譲語1	132

謙譲語2	132
謙譲動詞	131
現象文	28
限定	21
限定型	22
現場指示	138, 139
語彙的意味	34
行為の対象	17
行為の場所	17
後件	101
後置詞型言語	2
膠着語	3
語幹	5
コ系	139
語形変化	10
語構成	1
語順	1
コソアド	138
五段動詞	33
コト	10, 93
語の成り立ち	2
好まれる言い回し	61
コピュラ（copula）	8, 11
個別言語	1
誤用	2

【さ行】

再帰	50
再帰関係	50
最終到達点	18
サ行変格活用	33
作成動詞	36, 74
サセル	7
シ	110
子音動詞	34
使役	7, 45
使役受け身	49
使役受け身形	8
使役形	7, 8
使役者	45, 50
使役動詞	49
使役文	45
シカ	24

時間軸	96
時間節	85, 96
時間的前後関係	88
指示	47, 145
指示語	10, 138
辞書形	8
時制	62
シタイ	115
事態	9
シタホウガヨイ	115
シテハイケナイ	115
視点	39, 40, 52, 57
視点制約	53
自動詞	35
シナクテハナラナイ	115
シナケレバナラナイ	115
支配域	27
社会的距離	129
集合	25
終止	6
修飾部	90
修飾要素	11
終助詞	15, 16, 123
従属節	84
従属度	84
受影性	41, 42
主観	54
主観性	13
主観的な事態の捉え方	43, 61
主観的に関連づけ	118
縮約	75
主語	1, 27
主語の複数性	70
授受	51
主従	16
授受動詞	51
授受動詞の敬語形	133
主節	84
主題	16, 27, 28
手段	18
述語	1, 5
出発点	18
受動文	39

主要部	5, 90		静的述語	63
瞬間動詞	68		制約	46
順接	107		接続詞	6, 145
順接関係	107		接続助詞	15, 16
順接的	107		絶対敬語	129
準体助詞	17		「説明」の機能	117
順番づけ	23		ゼロ代名詞	145
照応関係	145		前件	101
情報提供	124		先行詞	145
上下関係	130		前置詞型言語	2
条件節	85, 101		前提	103
条件文	101		相	67
上昇イントネーション	12		総記	28
状態	12		想起のタ	65
状態動詞	35, 63		ソウダ	8, 114
焦点	16, 21		相対敬語	129
焦点化	21		相対的な名詞	94
情報の新旧	29		相対名詞	94
譲歩条件	104		想定された読み手	141
譲歩条件節	104		象ハ鼻ガ長い	30
省略	145		属性	6, 12, 31, 68
助詞	5		属性形容詞	13
助数詞	10		ソ系	139
助動詞	5		素材敬語	129
所有者受け身	42		ソトの関係	91
所有者主語の使役文	50		尊敬語	130
自立語	5		尊敬動詞	131
進行中の動き	68		ぞんざいな話し方	129
新情報	30		存在の場所	18
心理的距離	52			
推量	113		【た行】	
推論	113		タ	7, 76
数量名詞	9		ダ	6
スケール	23		ターン	146
スコープ	27		待遇表現	51, 129
スル	37		ダイクシス	78
スルコトダ	115		対者敬語	129
スル動詞	20		対象	18
スルベキダ	115		対人関係	51
スルモノダ	115		対人コミュニケーション	125
整合性	145		対比的	28
整合性関係	146		対比の機能	28
性差	123		代名詞	10

題目	16		テオク	73, 75
代用	17		デ格	18
代用表現	145		出来事の終結	77
対立型	139		出来事の出来	48
ダケ	24		出来事の捉え方	58
タ形	8, 62		テクスト	144
他動詞	35		テクル	78
他動詞文	1		テクレル	53
タラ形	7, 8		テ形	8, 87
タリ形	8		テ形接続	85
ダロウ	7, 114		テシマウ	73, 76
断定	113, 124		テハ	115
断定的な物言い	65		テモ節	104
単文	84		テモラウ	53
談話	144		テヨコス	57
談話展開機能	110		添加	21
談話の一貫性	145		添加型	22
談話標識	147, 148		転換	146
談話分析	144		テンス	62
地域差	123		伝達意図	16
知覚動詞	81		伝達内容	94
着脱動詞	36		伝聞	114
忠告	115		トイウ	94
中止形	11		問いかけ	115
中立叙述	29		当為	113
超時的な状態	64		同意	124
直示性	78		道具	18
直示表現	139		同義反復	120
直接引用節	124		統語的機能	5
直接受け身	39		動作主	17, 45
陳述	16		動作主の意図性	75
テアゲル	53		動作の協力者	18
テアル	73, 75		動作の主体	45
テイク	78		動作の対象	17
ディスコース・マーカー	148		動作の場所	17
提題助詞	15, 16		動詞	5
丁重語	132		動詞述語	6, 33
程度	10		動詞述語文	6
テイナイ	71		動態動詞	35, 63
丁寧語	130		動的述語	63
丁寧体	13, 129, 130		ト思ウ	114
丁寧な話し方	129		ト格	18
テイル	67, 73		トキ	96

索引 169

トキ(ニ)	96, 97		ハズダ	113
ド系	139		働きかけの結果の残存	73
トコロダ	72		働きかける者	45
捉え方	45		発見のタ	65
とりたて	21		発話	1
とりたて助詞	15, 16, 21		発話意図	113, 124
とりたてる機能	16		発話権	146
			発話現在	62, 63
【な行】			発話権の維持	147
ナイ形	7, 8		発話権の獲得	147
内言	121		発話権の譲渡	147
ナガラ形接続	85, 86		発話時	62
ナガラ節	86		発話者の意図	17
ナクテハ	115		発話内容	16
ナ形容詞	7, 12		発話の不適切さ	3
ナケレバ	115		話し言葉	141
ナ名詞	7, 12		話し手の視点	58
ナル	37		話し手の主観	54, 55
縄張り	78		話し手の心的態度	112, 113, 115
二格	18		話し手の評価	25
二違イナイ	113		判断	113
日本語学	1		判定詞	8, 11
日本語教育	6		非過去	63
任意の補語	19		美化語	132
認識的モダリティー	112		被修飾名詞	90
人称名詞	9		非存在	26
認知状況	81, 119		非対格自動詞	37
ネ	124		必須補語	19
ネガティブ・フェイス	136		必須要素	4
ノ	93		必然性	112
能動文	39		必要性の四つの論理関係	112
ノ格	20		否定	7
ノダ	8, 117		否定形	8
～ノタメニ	53		非文	2
ノデ	107		表現効果	23, 65
ノニ	109		品詞	5
			品詞分類	5
【は行】			フィラー	148
排他型	22		フェイス	136
排他的に限定	22		フェイスの侵害の度合い	136
バカリ	24		フェイスを脅かす行為	136
バカリダ	72		付加的補語	19
バ形	7, 8		不規則動詞	34

副詞	6		【ま行】	
副詞形	11		マエ	96, 99
副助詞	16		マエ節	99
複文	84		マス形	8
付属語	5		マス形の語幹	8
付帯状況	79		末尾	16
普通体	129, 130		マデ格	18
普通名詞	9, 12		未完了	97
ブラウン＆レヴィンソン	136		未然	6
文体	129		ミタイダ	7, 114
文体の丁寧度	108		未来	63
文体を切り替える	130		無意識	4
文の構造	1		無意志動詞	36
文の末尾	16		無助詞	29
文の名詞化	93		無生物主語	48
文法	1, 67		無題文	28
文法範疇	67		名詞	5
文末形式	8, 103		名詞述語	6, 10
文脈	3		名詞述語文	6
文脈依存	3		命題	112
文脈指示	138		命令	115
分離可能	43		目的	18
分離不可能	43		目的語	1
並列	16		モダリティー	112
並列関係	107		持ち主の受け身	42
並列助詞	16		モラウ	51
並列接続	87			
ヘ格	18		【や行】	
変化動詞	36, 68		融合型	139
変化の結果の残存	68		有対自他動詞	37
母音動詞	34		有題文	28
傍観	48		ヨ	126
方向	18		ヨウダ	7, 8, 114
補語	16, 17		様態	12, 114
母語の影響	2		容認	47
母語話者	1		予兆	114
ポジティブ・フェイス	136		欲求（want）	136
補助動詞	53		ヨネ	126
補足	145, 146		ヨリ格	18
ポライトネス	136			
ポライトネス・ストラテジー	136		【ら行】	
本動詞	53		ラシイ	7, 114
			ラレル	7

理由	18
量	10
臨場的	64
累加	145
累加型	22
類型論	1
類別詞	9
ル形	62
例示	146
連続体	23
連体	6
連体詞	6
連体修飾節	85, 90
連用	6
連用形接続	85
ローマ字表記	34
論理式	101
論理的な意味	21, 23

【わ行】

ワケダ	8, 120
和語	131
話者交替	146
話題	129
ヲ格	18

日本語学 入門
にほんごがくにゅうもん

● 2008年10月31日　初版発行 ●
● 2022年 2 月18日　 6 刷発行 ●

● 著者 ●
近藤　安月子
© Atsuko Kondoh, 2008

KENKYUSHA
〈検印省略〉

● 発行者 ●
吉田　尚志

● 発行所 ●
株式会社　研究社
〒102-8152　東京都千代田区富士見2-11-3
電話　営業03-3288-7777(代)　編集03-3288-7711(代)
振替　00150-9-26710
https://www.kenkyusha.co.jp/

● 印刷所 ●
研究社印刷株式会社

● 装丁・本文レイアウト ●
mute beat

ISBN978-4-327-38452-4 C1081　Printed in Japan